Como Gerar Renda em Ambiente de Crise, de Restrições e de Competição

2ª edição

Alfredo Braga Furtado

Copyright © 2023 by Alfredo Braga Furtado
Direitos desta edição reservados a Alfredo Braga Furtado
Printed in Brazil/Impresso no Brasil

Projeto Gráfico: Alfredo Braga Furtado
Capa: Fernando Allan Delgado Furtado
Editoração Eletrônica: Alfredo Braga Furtado
Revisão: Fernando Allan Delgado Furtado.

Furtado, Alfredo. 1955-
Como Gerar Renda em Ambiente de Crise, de Restrições e de Competição (2ª edição) / Alfredo Braga Furtado. Belém: abfurtado.com.br, 2023, 157 p.
1. Geração de renda. 2. Empregabilidade. 3. Empreendedorismo. I. Título.

A RESPEITO DO AUTOR DESTA OBRA:

Alfredo Braga Furtado é doutor em Educação Matemática (Modelagem Matemática) pelo Instituto de Educação Matemática e Científica (IEMCI) da Universidade Federal do Pará – UFPA. Possui mestrado em Informática pela Pontifícia Universidade Católica – PUC/RJ, especialização em Informática pela UFPA e graduação em Processamento de Dados pela UFPA.

Aposentou-se como professor associado da Faculdade de Computação do Instituto de Ciências Exatas e Naturais da UFPA. Foi analista de sistemas da UFPA de 1976 a 1995. Foi professor da UFPA de 20/08/1978 a 21/02/2018. Áreas de interesse: Engenharia de Software, Educação Matemática, Gerência de Projetos, Empreendedorismo, Didática, Metodologia Científica, Literatura.

É professor e escritor, com 114 livros publicados.

É autor da série "Elementos de Didática" (com 51 títulos), que cobre as seguintes áreas do conhecimento: Computação, Matemática, Física, Química, Ciências Naturais, Estatística, Engenharias, Arquitetura e Urbanismo, Direito, Medicina, Enfermagem, Psicologia, Fisioterapia, Farmácia, Fonoaudiologia, Odontologia, Biomedicina, Zootecnia, Nutrição, Pedagogia, Educação Física, Medicina Veterinária, Administração, Ciências Contábeis, Relações Internacionais, Turismo, História, Geografia, Ciências Econômicas, Publicidade e Propaganda, Teologia, Ensino Superior, Filosofia, Letras, Serviço Social, Jornalismo, Design, Biblioteconomia, Geologia/Engenharia Geológica, Agronomia, Ciências Sociais, Ciências Biológicas, Artes Visuais, Meteorologia, Música, Dança, Arquivologia, Museologia, Teatro, Ciências da Religião e Oceanografia.

Livros didáticos (dentre outros): "Como Escrever Artigos Científicos, Dissertações e Teses" (4ª ed.); "Como Escrever Trabalhos de Conclusão de Curso (Graduação)" [4ª ed.]; "Como Escrever Crônicas" (2ª ed.); "Como Escrever Contos"; "Prática de Análise e Projeto de Sistemas" (coautor: Júlio Valente da Costa Jr.); "Curso de

Construção de Algoritmos (com Java) [coautor: Valmir Vasconcelos de Araújo]; "Tópicos de Modelagem Matemática" (coautor: Manoel J. S. Neto); Cartilha do Professor: Fundamentos de Didática (vol. 1); Cartilha do Professor: Tópicos de Ensino e de Aprendizagem (vol. 2); Cartilha do Professor: Avaliação de Aprendizagem (vol. 3).

É autor de vinte e um livros de crônicas. Doze deles são listados a seguir: "Páginas Recolhidas" (2009), "Casos e Percepções de um Professor" (2016), "Um Pouco da Minha Vida: Novos Casos e Percepções" (2018), "Outros Casos e Percepções" (2018), "Mais Casos e Percepções de 2018" (2018), "Saúde e Vida em Crônicas" (2019), "Crônicas do Limiar de um Novo Ano" (2019), "Crônicas da Política Nossa de Cada Dia" 2ª ed. (2019), "E Agora? (Crônicas)" (2019), "Que Crônicas Me Falta Escrever?" (2021); "Obsessões, Fixações, Recorrências (Crônicas)" [2022]; "Crônicas do Anoitecer de 2022" (2023).

Outros livros publicados: "Oficina de Formação Básica de Escritores" [2ª ed.] (2022); "Qualidade na Educação Superior: Como Melhorar" (2020); "Para Gerenciar Melhor" (2020); "TI para Concursos (Questões Objetivas)" (2020); "Engenharia de Software em Questões" (2ª ed.) [2022]; "Bancos de Dados em Questões" (2020); "Redes de Computadores em Questões" (2021); "Estruturas de Dados em Questões" (2021); "Sistemas Operacionais em Questões" (2021); "Gerência de Projetos em Questões" (2021); "Nem Sei Sobre o Que Escrever! (Crônicas)" [2021], "187 Pontos a Considerar para uma Vida Exitosa" (2021), "Que Pontos Considerar para Atingir a Excelência Docente" (2021), "Aula Expositiva e Mais 24 Outras Abordagens de Ensino" (2021); "Você Quer Ser Um Excelente Professor?" (2022); "Como Gerar Renda em Ambiente de Crise, de Restrições e de Competição" (2ª ed.) [2023], dentre outros.

A relação completa de obras do autor pode ser obtida na plataforma Lattes.
Contatos: abf@ufpa.br ou abfurtado@yahoo.com.br.

DEDICATÓRIA

Para meus pais, Matheus e Beatriz (*in memoriam*)
Para meus irmãos, Paulo; Matheus (*in memoriam*); Marisa Sueli
Para meus filhos, Alfredo André e Fernando Allan
Para meus netos, Alice, Pedro e Ísis
Para ela, que vem de longe.

APRESENTAÇÃO

> *"A preguiça e a covardia são as causas pelas quais uma parte tão grande dos homens (...) compraz-se em permanecer, por toda sua vida, menores; e é por isso que é tão fácil a outros instituírem-se seus tutores".*
> **(Immanuel Kant, filósofo prussiano, 1724-1804)**

> *"Empreendedores são aqueles que entendem que há uma pequena diferença entre obstáculos e oportunidades e são capazes de transformar ambos em vantagem".*
> **(Nicolau Maquiavel, historiador italiano, 1469-1527)**

São pouquíssimas as oportunidades existentes hoje para o jovem que pretende (ou que precisa) entrar no mercado de trabalho, ou, que, de alguma forma, deseje gerar renda para garantir sua independência financeira. Cada vez há menos oportunidades. É fato!

Essa constatação foi o que me motivou a escrever este livro. Buscar oferecer alternativas para quem precisa fazer a escolha do caminho a seguir, apresentando as opções existentes e o máximo de informações que possibilite que o leitor tome a melhor decisão; tomada a decisão, apontar por quais trilhas seguir para chegar mais rapidamente à posição desejada e de forma mais segura, mais econômica, sem perda de tempo e sem retrabalho, devido a idas e vindas.

O título do livro contém uma pergunta implícita, bastando pôr um ponto de interrogação no fim: "Como Gerar Renda em Ambiente de Crise, de Restrições e de Competição?". A resposta óbvia: com conhecimento, com informação, com sabedoria, com determinação. Foi o que busquei escrever.

Reforçando o objetivo do livro: é apontar caminhos, listando os tópicos de interesse para ter sucesso na trilha escolhida. É preciso dizer que a obra não traz detalhes sobre esses tópicos. É necessário que o leitor recorra às fontes citadas e a outras em que os detalhamentos sejam apresentados.

Como público alvo do livro, há também os que já se encontram no mercado de trabalho, mas que estão insatisfeitos com sua condição atual, e desejam trilhar outro caminho. É possível encontrar sua nova meta de vida nesta obra.

É preciso que o leitor analise as opções cuidadosamente, que contemple aspirações, dificuldades de formação constatadas (e que precisam ser superadas), habilidades e circunstâncias pessoais.

Que fazer para atingir os objetivos propostos? Que precisa aprender em face de deficiência assumida? Que habilidades o leitor precisa desenvolver ou aprimorar? Precisa necessariamente dispor de recursos financeiros? Se sim, de quanto precisa? Em quanto tempo planeja realizar seu propósito de vida? Como se organizar para conseguir o intento, sem desperdícios de tempo nem de trabalho?

No título da obra menciono três obstáculos presentes hoje com que o profissional precisa defrontar-se: vivemos em um mundo imerso em crise, há claras restrições em qualquer atividade que se venha a desenvolver e, até por conta das duas limitações citadas, o ambiente é de forte competição. Crise profunda, restrições fortes e competição acirrada.

Basicamente dois caminhos se apresentam para quem precisa profissionalizar-se para gerar renda e garantir sua subsistência: *[1]* o emprego (um tópico descritivo – tópico 1); *[2]* o trabalho como freelancer (autônomo) ou empreendedor (no sentido de dono de negócio, com empresa formalizada, de acordo com uma das formas permitidas na legislação existente – MEI (individual) ou microempresa). Contém cinco tópicos descritivos (tópicos 2 a 6). A opção do emprego desdobra-se em duas: *[1.1]* emprego público; *[1.2]* emprego privado.

Independentemente da opção escolhida pelo profissional, há exigências comuns que precisam ser satisfeitas.

Esse conjunto de assuntos consta da Parte I (Base Comum), constituída de 60 tópicos (do tópico 7 ao 66), todos eles de alguma forma relacionados à questão de como se credenciar para obtenção de emprego (e como mantê-lo) e para atuação profissional como autônomo ou empreendedor. A maior parte dos tópicos foi extraída de meu livro "O que o jovem precisa aprender o mais cedo possível? (Sabedoria para a vida)". Como exemplo, destaco onze destes assuntos a seguir: visão do futuro; segredo da mestria; persistência; inovação; habilidades exigidas hoje; criatividade; relações pessoais; postura profissional; resiliência; liderança; ética.

A Parte II (Emprego Público) traz tópicos com orientações de como conquistar uma vaga no serviço público (municipal, estadual, federal). São apresentados os três seguintes assuntos (tópicos 67, 68 e 69): exemplo de edital de concurso (ou processo seletivo); plano de estudos para concurso; elaboração de provas de concurso.

A Parte III (Emprego em Empresa Particular) contempla tópicos referentes à obtenção de vaga nesse tipo de empresa. São descritos dois tópicos (70 e 71): entrevista para emprego e curriculum vitae.

A Parte IV (Freelancer/Empreendedor) apresenta tópicos que o candidato à atuação como freelancer (autônomo) ou como empreendedor (nesse caso, com a formalização de empresa) precisa conhecer para habilitar-se para seguir esse caminho. São abordados vinte e cinco tópicos (tópicos do intervalo 72 a 96). Para ilustrar, listo oito tópicos que constam dessa Parte: microempresa individual (MEI); o empreendedor e o empresário; nichos de mercado; fatores indutores de sucesso em negócios; causas de fracasso de novos negócios; plano de negócio; startup; empresa júnior.

Nenhum dos alvos listados acima é de fácil alcance em razão dos fatores apontados: o momento é de crise, gerada pela incerteza da pandemia do vírus que veio da China, com reflexos acentuados na economia mundial; sem a pandemia já se vivia período de restrições e com ela houve forte acirramento. Por fim, o desemprego gerado exacerbou a competição entre os candidatos a qualquer um dos caminhos sugeridos.

As maiores exigências são encontradas na trilha de quem pretende uma vaga no serviço público: é necessário submeter-se a concurso público ou a processo seletivo com número de candidatos muito grande e poucas vagas. Todas as instâncias de governo (federal, estadual, municipal) vêm reduzindo seus quadros por conta de processos de privatização, de terceirização, de racionalização (enxugamento da estrutura organizacional), de automação de processos e atualização tecnológica.

A alternativa de trabalho como autônomo exige a identificação de nichos de mercado para atuação e a capacidade de resolver problemas para terceiros. Não há necessidade de constituição de uma empresa formal para isso. Há a opção de atuar como microempresário individual (MEI) ou como microempresário (ME) com microempresa formal, contando com sócios ou não.

Já há muito tempo é perceptível a redução de postos de trabalho, de sorte que a possibilidade de o profissional formado ter dificuldade de colocar-se no mercado como empregado exige que ele seja treinado para encarar outra opção: ser autônomo, ser empreendedor, criar seu próprio trabalho, para garantir sua remuneração. É o que prevalece hoje, até com mais força. Daí porque o profissional deve dar grande importância a essa alternativa.

Este livro aborda os conceitos necessários para que o profissional se habilite ao sucesso na escolha que vier a fazer como forma de gerar renda para si e para sua família: seja para alcançar vaga no serviço, seja para conquistar vaga como empregado no setor privado, seja para formar-se como empreendedor, para atuar como freelancer (autônomo). Assim, ele cria oportunidade para si e para outros. Esses conceitos são identificados, definidos, mas, por questão de escopo, não são esmiuçados neste livro. O leitor pode explorar as referências citadas atrás do detalhamento que julgar necessário.

A trajetória de formação do interessado em colocar-se como empreendedor é longa: ele precisa preparar-se pessoalmente com o domínio do conhecimento necessário à função, ao mesmo tempo em que concebe e constrói o produto ou o serviço que viabilizem o empreendimento, e produz o plano para obtenção de recursos de financiamento do negócio. A busca de conhecimento a respeito de administração de negócios, de gestão de recursos humanos, de marketing, de estratégias para melhoria de qualidade passa a ser assunto de interesse do candidato a empreendedor. Muitos obstáculos precisam ser superados.

Um conceito fundamental para nortear o caminho do profissional até que o consiga, qualquer que seja ele, empregado ou autônomo, é o de visão do futuro: sem ele, o sonho do emprego ou do negócio próprio pode ficar sem concretização.

Um pensamento que deve nortear os esforços do profissional empreendedor é a atenção às necessidades do mercado em que atua. Dentre essas necessidades pode estar aquela que vai dar origem ao seu negócio, seja para atendimento como autônomo, seja por meio de empresa formalizada.

O objetivo deste livro é que o profissional que esteja numa das três condições listadas a seguir, leia o livro e encontre seu caminho particular: *[1]* está desempregado, e quer empregar-se; *[2]* é empregado, mas quer melhorar sua renda mudando para emprego com remuneração maior ou buscando forma de geração de mais renda em paralelo com o emprego; *[3]* quer ser autônomo.

Desse modo, o conhecimento necessário e os conceitos que possibilitam desenlace esperado em cada um dos caminhos são apresentados e descritos neste livro.

Que traz de novo esta segunda edição? O texto de lançamento foi revisto integralmente. Foram incluídos três tópicos: *[1]* sobre a "Gig Economy", *[2]* sobre técnicas para fixação de aprendizagem e *[3]* texto com metáfora motivadora para o concursista sobre perda de tempo.

Finalizando a apresentação. Eu mesmo reviso meus textos. Quando é possível, meus filhos me ajudam com revisão e comentário. Ao escrever sobre um assunto, procuro confirmar informações em múltiplas fontes, e esforço-me para abordar o assunto de várias perspectivas. Depois de produzida a primeira versão de um texto qualquer, eu o deixo em quarentena por dois, três dias. Aí, releio para finalizar. Com frequência, acrescento algo, corto frases, corrijo possíveis erros factuais. Tudo isso é feito como forma de reduzir erros ou lapsos. Mas sei que, a despeito de todo esforço que fizer, precisarei fazer correções depois da publicação. É da nossa cota de falibilidade irremovível. Por isso, são bem-vindas críticas, sugestões e comentários acerca desta obra enviados para abf@ufpa.br ou abfurtado@yahoo.com.br.

Belém (Pará-Brasil), 14 de abril de 2023.
Alfredo Braga Furtado.

Apresentação... 4

SUMÁRIO

0. CAMINHOS PARA GERAÇÃO DE RENDA................... 13
0.1 EMPREGO: PÚBLICO E PRIVADO............................. 15
[1] A Transformação do Mercado de Trabalho.................. 15
0.2 AUTÔNOMO OU EMPREENDEDOR........................... 16
[2] Empreendedorismo e Desenvolvimento Econômico....... 16
[3] Obstáculos para o Emprego.................................... 18
[4] Comportamento Empreendedor nas Organizações........ 19
[5] Criação de Ambiente Favorável ao Empreendedorismo.. 19
[6] Gig Economy... 20

PARTE I – BASE COMUM.. 24
[7] Visão do Futuro... 24
[8] Segredo da Mestria.. 27
[9] Persistência.. 28
[10] Inovação... 28
[11] Habilidades Exigidas Hoje.................................... 29
[12] Criatividade... 30
[13] Relações Pessoais.. 32
[14] Postura Profissional.. 35
[15] Aprendizagem pelo Erro...................................... 35
[16] Qualidade Total.. 38
[17] Marketing.. 39
[18] Paradigma... 41
[19] Autonomia... 45
[20] Ler, Ler, Ler.. 46
[21] Saber Escrever.. 47
[22] Resiliência.. 48
[23] Liderança... 49
[24] Ética.. 49
[25] Atualização Permanente..................................... 50
[26] Espírito Empreendedor....................................... 50
[27] Educação Financeira.. 52
[28] Aumento da Inteligência..................................... 56
[29] Ter Produtos.. 59

[30] Gestão Excelente.. 60
[31] Língua Estrangeira... 61
[32] Motivação... 62
[33] Importância da Didática... 63
[34] Amizade... 64
[35] Rede Social.. 65
[36] Capacidade de Concentração..................................... 65
[37] Perguntar, Perguntar, Perguntar................................. 66
[38] Elevar as Expectativas... 67
[39] Audácia, Ousadia... 68
[40] Progressividade.. 68
[41] Gratidão... 69
[42] Contingência.. 70
[43] Avaliando Riscos... 70
[44] Avaliando Custos e Benefícios................................... 71
[45] Não Há Almoço Grátis... 71
[46] Obediência às Leis... 72
[47] Capacidade de Comunicação..................................... 72
[48] Não Adiar o Que Pode Ser feito Hoje........................ 73
[49] Prioridades.. 74
[50] Princípio da Incompetência de Peter......................... 75
[51] Avaliando Desempenho... 75
[52] Alerta de Maquiavel.. 75
[53] Efeito "Deadline".. 76
[54] Capital Humano... 77
[55] Voluntarismo Não Dá.. 77
[56] A Questão do Emprego... 78
[57] Atualização Tecnológica... 79
[58] Como Fazer Amigos e Influenciar Pessoas............... 80
[59] Importância do Ponto Final....................................... 80
[60] Surpreenda o Cliente... 82
[61] É Possível Sempre Recomeçar................................... 83
[62] Valores Atuais... 83
[63] O Poder da Equipe.. 83
[64] Técnicas para Fixação da Aprendizagem................... 84
[65] Motivação para Aprender.. 89
[66] A Metáfora do Corvo de Edgar Allan Poe................. 91

PARTE II – EMPREGO PÚBLICO 93
[67] Exemplo de Edital de Concurso 93
[68] Plano de Estudos para Concurso 95
[69] Elaboração de Provas de Concurso 97

PARTE III – EMPREGO EM EMPRESA PRIVADA 100
[70] Entrevista para Emprego 100
[71] Curriculum Vitae 103

PARTE IV – FREELANCER/EMPREENDEDOR 105
[72] Microempresa Individual (MEI) 108
[73] A Empresa e seus Objetivos 110
[74] O Empreendedor e o Empresário 110
[75] Classificação das Empresas pelo Porte 113
[76] Importância das Microempresas 114
[77] Tipos de Empresas 114
[78] Classificação de Empresas por Setor de Atuação 115
[79] Nichos de Mercado 116
[80] Previsibilidade de Negócios de Sucesso 117
[81] Fatores Indutores de Sucesso em Negócios 117
[82] Causas de Fracasso de Novos Negócios 119
[83] Desafios da Excelência da Qualidade: 5S e 10S 121
[84] Os Dez Princípios da Qualidade 124
[85] Suporte para Novos Negócios 126
[86] Plano de Negócio 126
[87] Hierarquia de Liquidez de Ativos 132
[88] Momento Certo de Desfazer-se de um Negócio 136
[89] Medição de Sucesso de uma Empresa 136
[90] Organização da Empresa 137
[91] Estrutura Organizacional 138
[92] Atividade-fim e Atividade-meio 141
[93] Pontos de Legislação Trabalhista 141
[94] Lucro e Rentabilidade de um Negócio 145
[95] Startup 146
[96] Empresa Júnior 149

CONCLUSÃO... 152
REFERÊNCIAS... 153

0. CAMINHOS PARA GERAÇÃO DE RENDA

Como citado na apresentação, são três os obstáculos principais com que o profissional precisa defrontar-se para gerar renda para prover sua subsistência e/ou para garantir sua independência financeira.

Vivemos em um mundo imerso em crise (guerra, risco de nova pandemia, desemprego – são as principais, no momento atual), com reflexos na economia mundial e consequentemente no desenvolvimento das nações. Há claras restrições em qualquer atividade que se venha a desenvolver e, até por conta das duas limitações citadas, acirra-se a competição em qualquer área em que o profissional pretenda atuar.

As exigências do capitalismo (concorrência acirrada, redução de custos, globalização, maximização de lucros, reengenharia de processos de negócios) e os avanços da tecnologia (em especial, a robotização, a nanotecnologia e os processos de automação de negócios) têm levado a que se imponham novas formas de organização empresarial. A redução dos quadros de pessoal imposta pela automação é uma realidade. Outro processo inevitável é a concentração em atividades que a organização julgue prioritárias; quanto às demais: com frequência, passam por processo de terceirização.

Chama-se terceirização (em inglês, "outsourcing") à transferência de um determinado serviço de uma empresa a outra. Portanto, trata-se de um recurso disponível às organizações, em que terceiros (outra empresa) assume determinadas tarefas específicas. Na forma em que a terceirização está posta na legislação vigente nem faz mais sentido diferenciar atividades-meio de atividades-fim, a menos para estabelecer algum critério de análise dentro da organização.

O processo de terceirização tem como vantagens principais: a redução dos custos de mão-de-obra, a racionalização de processos, a redução possível de níveis hierárquicos da organização (processo chamado "downsizing" – enxugamento ou redução de tamanho). As desvantagens principais são: as possíveis falhas existentes nos contratos que levem a questionamentos prolongados de parte a parte, prejudicando a organização; a exigência de controle eficaz das atividades terceirizadas, pois, afinal, impactam de alguma forma nos resultados organizacionais;

problemas de comunicação entre setores da empresa e da terceira, até mesmo por problemas de cultura organizacional; inevitável dependência da contratante em relação à terceira.

Já de há muito se percebeu que a terceirização é inevitável em todas as áreas, incluída a computação. E, como são poucas as empresas cujo fim é desenvolver software, as demais organizações têm optado por terceirizar a área de computação. A pergunta que a gerência das empresas faz é: para que equipe própria para desenvolvimento de software se este não é o fim precípuo do negócio? Em razão disso, ficou no passado a existência de departamento de desenvolvimento de sistemas em empresas cujo fim não seja a computação. Essa é uma constatação.

Em síntese, reforçando o que foi citado na apresentação: o quadro mundial é de crise profunda, restrições fortes e competição acirrada.

Considerando a classificação utilizada pela Sociologia, em que a sociedade é organizada em três setores, tem-se:

[1] O *Primeiro Setor* é o setor público, composto pelas instâncias de governo, formado com base no voto dado pelo povo, conferindo poder aos governantes. Os recursos utilizados por este setor são oriundos dos impostos (dinheiro público), e empregados para fins públicos. Os empregados são selecionados por concurso público (vaga permanente) ou processo de recrutamento simplificado (vaga temporária).

[2] O *Segundo Setor* é o setor privado, o mercado, que tem sua base na livre iniciativa, e que busca o lucro como remuneração de seus investimentos. Os recursos mobilizados por este setor são privados, e investidos para fins privados. Os empregados são selecionados por processo de recrutamento da organização.

[3] O *Terceiro Setor* é formado pelas instituições sem fins lucrativos, que geram bens e serviços de caráter público. Neste caso, recursos privados são empregados para fins públicos. Nada obsta que o poder público destine verbas para o Terceiro Setor. São exemplos de organizações do Terceiro Setor: as ONGs (Organizações Não Governamentais), as organizações sociais, as instituições religiosas, os clubes de serviços, as entidades beneficentes, os centros sociais, as organizações de voluntariado, os fundos comunitários, os condomínios de edifícios,

dentre outras. Neste setor, os empregados são selecionados por processo de recrutamento da própria organização.

Basicamente dois caminhos se apresentam para quem precisa profissionalizar-se para gerar renda e garantir sua subsistência: [1] o emprego; ou [2] o trabalho como autônomo. A opção do emprego desdobra-se em duas: [1.1] emprego público; [1.2] emprego privado.

0.1 EMPREGO: PÚBLICO E PRIVADO

Independentemente da opção escolhida pelo profissional para o emprego, há exigências comuns que precisam ser satisfeitas. As maiores exigências são encontradas no emprego público: é necessário submeter-se a concurso público ou a processo seletivo com número de candidatos muito grande e poucas vagas. O conteúdo programático em ambos os casos é constituído de dezenas de tópicos, cobrindo áreas que, muitas vezes, não ficam restritas ao campo de atuação do profissional no exercício do cargo.

Analisando o conteúdo do programa de concurso para profissionais da área de computação para um banco estatal observou-se que incluía programação, sistemas operacionais, bancos de dados, redes de computadores, inteligência artificial, gestão de Tecnologia da Informação (TI), e mais outros quinze tópicos. Olhando o programa do certame, deduziu-se que o banco esperava contar com profissionais com sólidos conhecimentos em praticamente todas as áreas da computação. É como se a expectativa fosse semelhante a que, em um concurso para o cargo de médico, o profissional admitido atuasse, com a mesma proficiência, em pelo menos dez especialidades médicas.

Que justifica isso? Como acorrem milhares de candidatos, dado o nível de desemprego atual, como selecionar os melhores? Com maiores exigências: programa mais amplo, questões mais difíceis, a ponto de se explorar detalhes aprofundados dos assuntos.

[1] A TRANSFORMAÇÃO DO MERCADO DE TRABALHO

Mesmo com as recentes mudanças na legislação trabalhista, as empresas evitam contratações; em muitos casos, elas preferem o processo de terceirização – contratação de empresas para executar atividades a que ela não quer dedicar-se.

O conceito de estabilidade no emprego é cada vez mais raro; a tendência é desaparecer. No setor privado, a estabilidade é provisória. No setor público, têm estabilidade os funcionários do regime estatutário.

Como citado no início deste Capítulo, e fazendo uma síntese: a globalização, a forte competição por mercados, a automação de processos organizacionais, a imposição de redução de custos operacionais para reduzir preços, os processos de "downsizing" e a terceirização levam à diminuição do número de empregos. Esses são argumentos para que os profissionais caminhem para o empreendedorismo.

0.2 AUTÔNOMO OU EMPREENDEDOR

A opção do trabalho como autônomo ou empreendedor tem sido a escolha imposta pela redução progressiva do emprego, fazendo com que aumente "a quantidade de prestadores de serviços, de trabalhadores autônomos e de micros, pequenos e médios empresários. Sempre haverá trabalho para os que souberem oferecer solução para problemas existentes"[1].

Para quem deseja (ou precisa, por falta de outra opção) iniciar-se como autônomo tem nas palavras de José Minarelli (autor citado acima) seu ponto de partida: a identificação de problemas mais recorrentes em determinada área que pessoas e empresas enfrentam e não sabem resolver ou não estão habilitadas para tal ou não se dispõem a fazê-lo, preferindo transferir para outrem. A descoberta desses nichos de mercado é o trabalho inicial de quem deseja iniciar-se como autônomo ou como empreendedor.

[2] EMPREENDEDORISMO E DESENVOLVIMENTO ECONÔMICO

As grandes economias do mundo mostram a importância da iniciativa empresarial para o desenvolvimento de um país. Uma economia pujante tem como base os quatro pilares do capitalismo:

[1] *Economia de Mercado:* pouca ou nenhuma intervenção do estado na economia, deixando que os investimentos sejam feitos pela iniciativa privada; vale a lei da oferta e da procura – a qual regula os preços e os estoques de produtos, norteando os investimentos produtivos; estado intervém em situações especiais – por exemplo, para impedir a formação de cartéis, para garantir estabilidade econômica; a forte concorrência faz com que haja melhoria na qualidade de produtos e serviços disponíveis no mercado; isso leva a crescimento econômico maior e à prosperidade;

[2] *Lucro:* objetivo principal de quem produz – acumulação de capital;

[3] *Propriedade Privada:* sistema produtivo pertence ao indivíduo ou a grupos privados;

[4] *Livre Iniciativa:* a iniciativa de novos empreendimentos é das pessoas e grupos que atuam no mercado, ocasionalmente até atendendo incentivos que o governo possa vir a fazer, mas não necessariamente.

A principal crítica ao capitalismo é o fato de haver dois grupos – o dos donos dos meios de produção (os capitalistas), que é constituído de minoria; e o grupo majoritário, constituído de pessoas que vendem sua força de trabalho, em troca de remuneração que pague alimentação, saúde, transporte, lazer, etc.

O Brasil ainda é considerado um dos países mais fechados do mundo. O governo ainda concede subsídios a empresas; ainda há proteção às empresas nacionais, com sobretaxas à importação. Em estudo realizado pelo *National Bureau of Economic Research* (NBER) dos Estados Unidos, com base no índice chamado *mark-up*, que associa preço de venda de um produto ao seu custo de produção, constatou que o indicador do país é 1,61. Analisando a variação percentual do Brasil no período 1980-2016, observou-se que permanece a mesma. O *markup* do Chile é 1,37. O percentual de comércio exterior do PIB brasileiro que era 22% em 2000, hoje é de 27%. Ou seja, incremento pequeno nas exportações em 18 anos. E se o país não exporta é porque seus preços não são competitivos ou a qualidade dos produtos não tem padrão internacional[2].

Portanto, há muito espaço para o capitalismo fortalecer-se no país, com maior crescimento da economia, mais oportunidades para novos negócios, e, consequentemente, mais oportunidades para os que buscam realizar seus sonhos por meio do empreendedorismo. O espírito empreendedor está por trás do desenvolvimento econômico do país.

Com a derrocada do comunismo, sinalizada pela queda do muro de Berlim e pela desintegração da União Soviética, Francis Fukuyama (filósofo e economista político estadunidense, 1952-) apontou que a democracia liberal representaria o ápice da evolução ideológica da humanidade e, por isso, se universalizaria como forma de governo[3].

Cabe ao Estado atuar nas áreas de saúde, educação, segurança, infraestrutura, principalmente. E, por meio de agências reguladoras, acompanhar as ações da iniciativa privada, e também criar as condições favoráveis para que os investimentos privados ocorram.

[3] OBSTÁCULOS PARA O EMPREGO

As empresas buscam cada vez mais racionalizar seus processos, investindo em tecnologias que assegurem redução dos custos e automação de processos (veja-se o caso dos bancos, por exemplo), de modo que sua competitividade seja preservada e sua lucratividade aumentada. São comuns os processos de reengenharia que reduzem os quadros de empregados.

Outro obstáculo é o custo dos encargos da mão-de-obra (acarretados pela CLT e pela Constituição de 1988 e pela legislação complementar), que superam o valor da remuneração, fazendo com que, para a empresa, o custo de manter um empregado seja duplicado. Isso faz com que os índices de aumento de emprego formal não consigam acompanhar a entrada da mão-de-obra no mercado.

Uma alternativa ao emprego é o empreendedorismo (negócio) ou a participação em cooperativas ou ainda trabalhar por conta própria (autônomo), oferecendo algum serviço de que pessoas/empresas precisem.

Essas duas formas de atuação exigem, porém, preparação especial e planejamento por parte do profissional.

[4] COMPORTAMENTO EMPREENDEDOR NAS ORGANIZAÇÕES

As organizações precisam inovar permanentemente. A acomodação é o caminho para a falência, para a perda de mercado. Por isso, o espírito empreendedor deve ser característica de seus líderes, de seus gerentes[4].

A busca constante da inovação nas suas áreas de atuação, da racionalização de seus processos, da ampliação de seu mercado, com a oferta de novos produtos e serviços exigem comportamento empreendedor das várias instâncias da organização. Não pode haver acomodação, pois os concorrentes estão à espreita, atentos, prontos para aproveitar os flancos desguarnecidos que a organização pode deixar.

Os colaboradores de cada área devem ser incentivados a propor aperfeiçoamento dos processos organizacionais, buscando melhor forma de fazer seu trabalho, de maneira mais rápida, mais econômica, para conquistar mais clientes e, consequentemente, maior lucratividade. Com isso, novos investimentos podem ser feitos, abrindo novas frentes de trabalho e de atuação da empresa.

[5] CRIAÇÃO DE AMBIENTE FAVORÁVEL AO EMPREENDEDORISMO

São formas de garantir que a organização crie ambiente favorável ao empreendedorismo, de modo que os colaboradores sejam estimulados à maior participação no âmbito da sua área de atuação, não se limitando às estritas atribuições da função desempenhada. Em vez disso, tenham comportamento propositivo, crítico, não se acomodem, e ajam para superar problemas existentes.

Por seu turno, a organização pode favorecer a criação de ambiente favorável à iniciativa de seus colaboradores, na medida em que os recompense por esse comportamento, reconhecendo a participação deles nos resultados que forem obtidos, encorajando as iniciativas e as experimentações. Uma forma de concretizar isso é pela concessão de gratificação, ou pela retribuição com lotes de ações da empresa, ou outra forma de valorização do empenho demonstrado pelo colaborador[4].

[6] GIG ECONOMY

Aqui valho-me de questão constante do ENADE (Exame Nacional de Desempenho dos Estudantes) de 2021, realizado pelo INEP/MEC para avaliar os estudantes de nível superior. O objetivo é definir a "Economia Gig". No texto abaixo adoto o mesmo modelo de apresentação utilizado em meus livros para concursistas. Seguem o enunciado da questão objetiva, as alternativas e meus comentários a respeito.

Além do contexto econômico, o avanço da tecnologia também é um dos responsáveis pelo aumento dos trabalhadores informais. E a tendência de contratação de *freelancers* por meio de plataformas digitais, como aplicativos de *delivery* e de mobilidade urbana, ganhou até um nome: *Gig Economy*, ou economia dos bicos. Para os gigantes de tecnologia detentores desses aplicativos, os motoristas são trabalhadores autônomos, que não possuem vínculo empregatício. Além de não estarem sujeitos a nenhuma regulamentação e proteção legal, os profissionais que desenvolvem esse tipo de trabalho deixam de contribuir para a Previdência Social e de possuir benefícios como Fundo de Garantia por Tempo de Serviço (FGTS), férias e décimo terceiro salário. Não obstante, ainda arcam com todo o custo da atividade que exercem. Em uma reportagem que ouviu alguns desses trabalhadores, motoristas afirmaram sofrer com problemas de coluna e com o estresse no trânsito, além das longas jornadas de trabalho. Por esses motivos, a *Gig Economy* está no centro de uma discussão mundial acerca da responsabilidade dessas companhias milionárias sobre as condições de trabalho da mão de obra que contratam. No meio do limbo jurídico, quem sofre são os trabalhadores dessas plataformas, que ficam duplamente desprotegidos — pelas empresas e pelo Estado.

> Disponível em: https://exame.abril.com.br/carreira/quais-sao-as-consequencias-do-trabalho-informal-no-pais/. Acesso em: 18 abr. 2020 (adaptado).

A partir das informações apresentadas, avalie as asserções a seguir e a relação proposta entre elas.

I. Trabalhadores autônomos informais que atuam em plataformas digitais sem qualquer vínculo empregatício, desprotegidos de regulamentação ou lei trabalhista, compõem a *Gig Economy*.

PORQUE

II. Os trabalhadores, na *Gig Economy*, arcam com todos os custos necessários para desempenhar o seu trabalho, ganham por produção e enfrentam longas jornadas diárias, o que os deixa mais desgastados e com problemas de saúde.

A respeito dessas asserções, assinale a opção correta.

(A) As asserções I e II são proposições verdadeiras, e a II é uma justificativa correta da I.
(B) As asserções I e II são proposições verdadeiras, mas a II não é uma justificativa correta da I.
(C) A asserção I é uma proposição verdadeira, e a II é uma proposição falsa.
(D) A asserção I é uma proposição falsa, e a II é uma proposição verdadeira.
(E) As asserções I e II são proposições falsas.

Comentários: a resposta correta é a B (de acordo com o gabarito fornecido pela organização do exame). Este é um modelo de questão muito presente nos exames e concursos: uma breve contextualização é feita, baseada ou não em texto específico; seguem-se duas proposições que o examinando (ou concursista) precisa avaliar se são verdadeiras ou falsas; se a primeira proposição for verdadeira, é possível que a segunda seja justificativa correta da primeira. Com base na avaliação feita, assinala-se a alternativa julgada correta.

Avaliando as asserções: a primeira asserção é uma proposição verdadeira – a "Gig Economy" pode ser sintetizada assim – os trabalhadores são autônomos, informais, há uma plataforma digital à qual os trabalhadores aderem sem vínculo empregatício, sem proteção de regulação ou de lei trabalhista, sem definição de jornada de trabalho; a adesão do trabalhador significa aceitação do contrato, em que são estabelecidas as regras a serem cumpridas pelas partes envolvidas – a plataforma e o trabalhador. A segunda asserção é uma proposição verdadeira: realmente os trabalhadores arcam com todos os custos do trabalho, ganham pelo que produzem, enfrentam jornadas diárias longas (mas sem imposição da plataforma, visto que quem define a jornada de trabalho é o próprio trabalhador), com as consequências inevitáveis de desgaste e de problemas de saúde. Portanto, a segunda asserção é verdadeira. Quanto à relação entre as duas proposições: a segunda não é uma justificativa da primeira, o que nos permite ratificar que a alternativa correta da questão é a B.

Comentada a questão, acrescentemos algumas informações sobre a "Gig Economy". A palavra "gig" é uma gíria americana com significado de show ou bico – trabalho rápido que pode ser feito em um dia, como um show a ser realizado numa noite num restaurante, por exemplo.

A expressão "Gig Economy" tem sido traduzida como Economia Compartilhada ou Economia Alternativa. Compreende aquela parcela de serviços, demandados por empresas ou por pessoas, realizados por freelancers (profissionais independentes) em vez de por profissionais contratados com vínculo empregatício.

Assim sendo, a "Economia Gig" envolve a oferta de serviços a clientes (pessoa física ou pessoa jurídica), com solicitação por meio de acesso on-line a um aplicativo. Os profissionais responsáveis pela execução dos serviços não se submetem a processos seletivos presenciais para integração na plataforma do aplicativo. Eles se cadastram se aceitarem os requisitos para atuação. O pagamento é feito por tarefas realizadas, requisitadas pelos clientes à plataforma; essas tarefas ficam registradas no aplicativo após a conclusão para pagamento posterior aos executores.

Dentre os serviços oferecidos por meio de aplicativos nessa modalidade de negócio, citam-se os que envolvem motoristas, designers, entregadores, professores, jornalistas, publicitários, etc. Enquadram-se como trabalhadores na "Economia Gig": freelancers, prestadores de serviços autônomos (ou biscates), contratados temporários. Esses profissionais adotam essa forma de atuação por opção, por necessidade ou como forma de prospectar oportunidades de geração de renda.

Há quem veja a "Economia Gig" como a "Uberização do Trabalho": a relação de trabalho é informal; o serviço é demandado por meio de aplicativos, como Uber (aplicativo de transporte), Rappi (aplicativo de entrega de encomendas), Loggi (aplicativo de entregas de encomendas), Airbnb (serviço on-line para anúncio e reserva de acomodações para curto período de tempo), iFood (aplicativo de entrega de refeição), Fiverr (aplicativo que conecta freelancers e clientes de serviços), dentre muitos outros, nos quais não há vínculo empregatício entre a organização mantenedora e detentora do aplicativo e o trabalhador encarregado da execução do serviço. Com atuação no Brasil desde novembro de 2020, o Fiverr (aplicativo israelense) possibilita a compra e a venda de serviços digitais, com preços que oscilam de US$ 5,00 a US$ 10 mil. Serviços oferecidos: design gráfico, programação e tecnologia, marketing digital, música, áudio, redação, tradução, vídeo, animação, negócios, estilo de vida. O aplicativo oferece um serviço de reputação profissional com uso de estrelas (ou seja, em níveis) como referência para os clientes. O nível 1 é conseguido pelo profissional depois de 60 dias de atuação na plataforma; o nível 2 – depois de 120 dias; prestador de serviço destaque – depois de 180 dias na plataforma.

Como pontos favoráveis à "Economia Gig" podem ser citados: demanda de serviços rotineiros que podem ser desenvolvidos por freelancer ou autônomo, mas sem volume suficiente para justificar a contratação de profissional para atuação permanente. A receita do autônomo pode ser superior à que ele receberia com emprego fixo. É certo que, não havendo demanda em dado período, a receita pode ser zero. É também o que acontece com uma empresa qualquer: sem demanda de seus produtos e/ou serviços, sua receita mensal pode não cobrir as despesas fixas que tem, havendo necessidade de consumir suas reservas ou recorrer a empréstimos bancários para enfrentar os períodos de prejuízo.

Como chegamos neste ponto, em que profissionais em ação disruptiva se sujeitam a trabalhar sem vínculo empregatício e sem proteção de regulação ou de lei trabalhista? Que levou a que houvesse tanta redução de postos de trabalho, nos mais variados modelos de negócio que se considere, e que impuseram trilhas novas para quem deseja exercer atividade profissional remunerada para dar conta da sua subsistência e da de sua família?

Podemos citar como principais motivos (mencionados acima na seção 0.1 Emprego: Público e Privado), decorrentes do avanço da Ciência e da Tecnologia com impactos na Sociedade: a globalização, a forte competição por mercados, a automação de processos organizacionais, a robotização, os avanços trazidos pela Computação para a vida humana (em especial, a Internet e a Inteligência Artificial, para ficar em dois itens), a imposição de redução de custos operacionais para reduzir preços, os processos de "downsizing" (enxugamento das estruturas organizacionais, decorrentes da racionalização de processos) e a terceirização (em que funções da organização são transferidas para execução por terceiros, podendo, assim a empresa concentrar-se em atividades diferenciadoras e nas quais se destaca) levam à diminuição do número de empregos. Esses argumentos impõem que os profissionais busquem novas alternativas. Nesse contexto é que surgiu a "Economia Gig".

Como citado, o principal motivo por que um profissional se torne autônomo, empreendedor ou freelancer é de natureza pessoal: pela realização que a criação e a consolidação de um negócio autônomo, com ou sem a criação de uma empresa, podem proporcionar, oferecendo oportunidades de trabalho e de remuneração para si e para terceiros (seus colaboradores), e contribuindo com o mercado onde atua com seus produtos/serviços.

A seguir os tópicos que precisam ser estudados por constituírem base para qualquer dos caminhos trilháveis pelo leitor.

PARTE I – BASE COMUM

São descritos a seguir 60 tópicos que constituem o alicerce (a Base Comum) para qualquer um dos caminhos que vier a ser selecionado pelo leitor como forma de geração de renda (por meio de emprego público ou privado; ou como autônomo ou empreendedor).

A maior parte dos tópicos foi extraída de: FURTADO, A. B. *O que o jovem precisa aprender o mais cedo possível? (Sabedoria para a vida)* Belém: abfurtado.com.br, 2021[5].

[7] VISÃO DO FUTURO

A razão de começar a fundamentação comum por este conceito é sua importância. Para mim ele é determinante para o sucesso de uma pessoa ou de uma empresa. Eu coloco em escala inferior todos os demais conceitos tratados neste livro. Por quê?

Este conceito identifica o alvo aonde pretendemos chegar. Em termos de aplicação, por isso, ele precede todos os outros. Em vista do que se pretende alcançar, podem ser listadas as ações para o cotidiano, por meses, por anos, por décadas, dependendo da potência da visão.

A visão do futuro é a imaginação de algo significativo para realizar que exija um bom período de tempo e também o trabalho esforçado no sentido de concretizar o que foi engendrado, ideado.

A visão do futuro tem a ver com pessoas. Pode ser uma visão pessoal (por exemplo, a visão do futuro do profissional que lê este livro), de um grupo ou de uma família, de uma cidade, de um país, de um continente, até do planeta.

Quando sai do plano individual, a visão do futuro exige a adesão de pessoas que se convençam da sua importância e aceitem trabalhar para realizá-la.

A importância do conceito reside no fato de que para alcançá-la, são exigidos anos de trabalho, persistência e estudo sistemático. Desse modo, a visão do futuro não é algo que se realize de um dia para o outro.

Um exemplo de visão do futuro pessoal é aquele formulado pela criança ao dizer o que quer ser quando crescer. Claro que isso vai mudar ao longo do tempo. A criança pode passar de uma visão para outra, à medida que cresce.

Uma visão do futuro para um jovem pode ser a obtenção de um título de graduação quando ele ainda está no ensino fundamental ou médio. Ou obter um título de doutor em dada área de conhecimento, quando iniciou seu curso superior, por exemplo.

Se várias visões tiverem sido formuladas por uma pessoa, é preciso que ela se concentre na mais próxima, temporalmente. E aí o profissional deve manter trabalho obstinado e foco para realizá-la. O alvo – a visão do futuro – deve ser necessariamente ambicioso, mas factível (realizável).

Exemplo de visão do futuro de um grupo pode ser aquela proposta por uma família, por um grupo religioso, por um clube, por um município, por um estado, por um país. Nesses casos, há necessidade de um líder que proponha ou conduza a formulação da visão e que a mantenha de pé até a sua concretização, que trabalhe para não haver dispersão do grupo.

A escolha de um prefeito, de um governador, de um presidente, a partir de seu plano de metas, pode assumir o papel de uma visão para o grupo relacionado, desde que o político seja capaz de concretizar o plano. Isso exige que ele tenha capacidade de liderança para galvanizar (estimular) as forças do município, do estado, do país para a realização do planejado. Com frequência, são investidos nesses altos cargos de governo quem julga que a "decisão política" de fazer algo é suficiente. Não é! Sem capacidade gerencial, sem capacidade de liderança, sem capacidade de solucionar problemas, ele não terá sucesso. Voluntarismo não basta. A História recente do país tem mostrado isso.

A concepção do Mercado Comum Europeu é um exemplo de visão do futuro aplicada a um continente. Imagine o esforço realizado pelos países europeus que assumiram a construção de um mercado único para o continente, com uma única moeda, com isenção de tarifas alfandegárias para os produtos industriais, com livre circulação dos produtos agrícolas da área, com proteção contra produtos provenientes de outras áreas, com formação de um parlamento europeu com representantes eleitos pelos países para decidir sobre as questões comuns. Foi o que ficou estabelecido pelo Tratado de Roma, assinado em 25 de março de 1957, pela França, Itália, Alemanha Ocidental, Bélgica, Holanda e Luxemburgo.

Hoje, a União Europeia é constituída de 27 países; o Reino Unido, que já não tinha sido signatário inicial, saiu da União em referendo realizado em 23 de junho de 2016. Essa saída foi chamada de BRexit (Saída da Grã-Bretanha).

Deve ter ficado claro por que a ideia de visão do futuro é apresentada em um livro sobre conceitos relevantes para o profissional conseguir gerar renda que garanta sua vida e a de seus familiares. Isso mesmo! Porque se tornar um profissional bem-sucedido, independente da área de atuação, é um bom exemplo de visão do futuro. Não se consegue a concretização da visão sem, por exemplo, determinação, conhecimento profundo em uma área de atuação. E persistência para superar os obstáculos que certamente vão aparecer durante a jornada.

Uma frase citada pelo futurólogo inglês, escritor, Joel Barker, muito citada, e que define bem visão do futuro: "uma visão sem ação não passa de um sonho; ação sem visão é só um passatempo; visão com ação pode mudar o mundo"[6].

A visão do futuro do profissional pode ficar como um sonho se não houver busca obstinada pela sua realização. Portanto, as ações do presente são direcionadas e determinadas pela visão.

As grandes realizações humanas decorreram de visões do futuro em que, após a formulação, um líder encarregou-se de reunir os meios necessários e trabalhou para superar os obstáculos encontrados, até sua concretização.

Barker afirma ainda: "As nações ascendem e declinam com suas visões do futuro. Isso tem sido verdade desde os primórdios da história documentada".

Dois outros exemplos podem ser citados: o reerguimento do Japão após a Segunda Grande Guerra, a partir de visão do futuro mobilizada pelo Imperador Hirohito (1901-1989). O mesmo aconteceu com a Alemanha, que foi dizimada na Segunda Guerra Mundial: por conta de sua visão conseguiu reerguer-se, e é o país mais rico da Europa, e a quarta maior economia do mundo, só inferior à dos Estados Unidos, da China e do Japão.

Quando a visão do futuro é de um grupo, é necessário que um líder aglutine os liderados, que eles se disponham a participar das ações combinadas no grupo, etc. No nosso caso, é mais simples, é o profissional quem define a visão do seu futuro, conversando com familiares, amigos, professores, religiosos ou, mesmo, por decisão pessoal.

Barker apresenta a seguinte metáfora: há um rio, de correnteza forte, que precisa ser atravessado para alcançar a outra margem. Lançar-se à água fará com que a pessoa chegue à outra margem, sabendo nadar. Porém, ela terá que lutar contra a correnteza, que vai levá-la para um ponto distante no outro lado. Se houvesse uma corda amarrada a uma árvore na outra margem, que a pessoa pudesse segurar enquanto atravessa certamente facilitaria a travessia no ponto desejado. Nessa metáfora, a visão do futuro seria a corda que garantiria a travessia com mais facilidade para o ponto desejado na outra margem.

A visão do futuro do profissional deve ser clara, positiva, que o motive a persegui-la, obstinadamente. Exemplifico com minha visão do futuro depois da aposentadoria:

– *Tornar-me escritor reconhecido no país nas áreas em que atuo, de forma que consiga contribuir com o desenvolvimento do país, obtendo rendimentos que me mantenham nessa etapa da vida e que me permitam ajudar meus familiares.*

A visão do futuro das organizações é definida para horizontes temporais de dez, quinze anos. É colocada em quadro, afixado em lugar visível nas dependências da empresa (assim como também a missão institucional), para que todos a tenha sempre presente. O profissional pode manter também a sua visão do futuro afixada em lugar visível, de modo que, quando acordar, ele a veja e decida que passos dar nesse dia em direção à sua concretização.

Uma pausa agora para que o leitor esboce sua visão do futuro.

[8] SEGREDO DA MESTRIA

Li em "Maestria" de Robert Greene (Rio de Janeiro: Sextante, 2013): estudos foram realizados sobre a vida de pessoas que sobressaíram como mestres em sua área de atuação, como pintura, política, literatura, educação, esporte, ciência, e muitas outras. Um padrão foi identificado na vida dessas pessoas: pelo menos 10.000 horas de dedicação para atingir a mestria. A explicação não foi alguma genialidade inata.

Como triunfar na atividade profissional sem a correspondente dedicação? Há quem ache que dá. Não! Não dá! No máximo serão medíocres (aqui medíocre na acepção de mediano).

[9] PERSISTÊNCIA

Quando vejo alguém que desiste depois da primeira ou até da segunda tentativa fracassada de fazer algo significativo, lembro-me do exemplo do jogador Cafu, bicampeão mundial pela seleção brasileira de futebol (1994 e 2002), único jogador com participação em três finais de Copa do Mundo (1994, 1998, 2002).

Só que antes do sucesso foi dura sua vida: era servente de pedreiro; tentou dez vezes passar em "peneiras" para ser contratado como jogador, sem sucesso. Só depois de falhar em dez tentativas, ele conseguiu. Enorme capacidade de resiliência. Quantos não abandonariam seu sonho já na terceira, quarta vez fracassada?

O condicionamento atlético e a velocidade lhe levaram a destaque como lateral direito.

Já como profissional no São Paulo Futebol Clube, o treinador Telê Santana (1931-2006) reconhecia seu enorme potencial, mas via necessidade de aprimoramento técnico. Colocava-o para treinar cruzamento para a área, por horas e horas.

Outro exemplo é o do ex-jogador Romário, que, no início da carreira tinha dificuldade para chegar ao campo do Vasco para os treinos por falta de dinheiro para o ônibus.

Ambos não desistiram de seus sonhos diante das muitas dificuldades.

[10] INOVAÇÃO

A busca de inovação é imperativo organizacional e também pessoal. Deve ser perseguida permanentemente na organização como também pelo profissional. Constitui a única garantia de sobrevivência da empresa. E isso nem é certo. É um imperativo da organização moderna – refazer-se sempre, renovar-se. No plano pessoal, é fator determinante de sucesso profissional

Nem é preciso listar o nome de grandes empresas que desapareceram por conta da incapacidade de atualizar-se, de renovar-se, para atender seus clientes. Esses foram atrás de quem lhes oferecia vantagens, na forma de menores preços, melhor qualidade dos produtos ou serviços, prazos de entrega mais curtos ou outros fatores de competição.

Portanto, o que importa é a mudança, o momento em que ela acontece. Como coisa inevitável, temos que nos preparar para ela e ser capazes de executá-la sem receios. Antes que os concorrentes o façam.

Desse modo, o profissional deve cultuar o espírito inovador, procurando capacitar-se e exercitar-se em relação ao assunto.

[11] HABILIDADES EXIGIDAS HOJE

Independentemente do caminho a ser trilhado pelo profissional, são requeridas as quarenta habilidades listadas a seguir. Elas são citadas pelas empresas de recrutamento como habilidades mais exigidas para admissão de colaboradores:

[1] Comunicação (escrita e oral),
[2] Capacidade para trabalho em equipe (trabalho cooperativo, projetos interdisciplinares e multidisciplinares),
[3] Criatividade,
[4] Transparência,
[5] Resiliência,
[6] Postura multidisciplinar,
[7] Comprometimento (engajamento) – "senso de dono",
[8] Flexibilidade (adaptabilidade),
[9] Ética,
[10] Autocontrole,
[11] Autoconhecimento,
[12] Autonomia,
[13] Competitividade,
[14] Capacidade de planejar,
[15] Organização,

[16] Sensibilidade,
[17] Consciência multicultural,
[18] Atitude positiva,
[19] Disposição para aprender,
[20] Liderança,
[21] Lealdade,
[22] Honestidade,
[23] Integridade,
[24] Autoconfiança,
[25] Confiabilidade,
[26] Equilíbrio emocional,
[27] Iniciativa,
[28] Polivalência,
[29] Empatia,
[30] Persuasão,
[31] Capacidade de aprender rapidamente,
[32] Capacidade de improvisação,
[33] Capacidade de negociação,
[34] Ser prestativo,
[35] Capacidade de fazer análise crítica,
[36] Capacidade de solucionar problemas,
[37] Capacidade de trabalhar sem supervisão,
[38] Responsabilidade (profissionalismo),
[39] Energia,
[40] Domínio da língua franca (inglês).

A lista é extensa (e não exaustiva, isto é, não esgota o assunto). É desejável que o profissional reúna o maior número das habilidades citadas. É quase ser um super-homem. É o que a empresa quer hoje como seu colaborador ou como seu parceiro.

[12] CRIATIVIDADE

A criatividade é a inventividade, a inteligência e o talento para criar, para inovar. Esta qualidade pode ser nata ou adquirida. É requerida desde sempre ao homem para obter a melhor solução de seus problemas. Sejam eles relacionados à alimentação, ao avanço do progresso científico e tecnológico, ao aumento da riqueza e à busca da sua distribuição, à criação de um modelo de vida que garanta paz entre os homens, e que atenue os problemas de poluição, decorrentes da exploração dos recursos naturais e do aumento populacional do planeta [7,8].

Domenico De Masi[9], sociólogo italiano (1938-), afirma que a "criatividade é uma planta delicada, a ser assistida com fantasia e concretude, com diligência ansiosa e competência científica". Planta que não pode ser confiada a gênios (criativos natos) – são raros – para atender necessidades cada vez mais sofisticadas. Como afirmado no início, criatividade adquire-se, exercita-se.

De Masi[10] arremata que a criatividade não tem regras, pois nasce de "almas precoces ou senis, cultas ou primitivas, e pode assumir as formas mais diversas", algumas vezes aparentemente simples, algumas vezes supostamente complexas. A sua força reside na sua multiplicidade, nas suas direções infinitas e imprevisíveis.

Por óbvio, o profissional deve ser criativo. Afinal, o que vier a propor em mercado tão competitivo como é hoje exige que seja criativo.

O sucesso do seu trabalho decorre dos seguintes fatos: o que ele vier a propor na organização deve levar ao menor custo do produto ou serviço oferecido, produzido em menor tempo, com uma quantidade menor de recursos.

É certo que a mente sem estresse fica mais apta para criar, inovar. De Masi afirma isso em seus livros "O Ócio Criativo" e "O Futuro do Trabalho: Fadiga e Ócio na Sociedade Pós-industrial", publicados em 2000[6,7]. Esses momentos em que a mente não tem com que se ocupar, em que ela pode passear livremente, são os momentos apropriados para ideias novas aflorarem. Nesses momentos é bom que haja uma forma de fazer anotação para registro dos *insights* (lampejos de inteligência, sacadas, estalos).

Particularmente, adoto essa estratégia para escrita da série de meus livros sobre "casos e percepções". Enquanto faço minhas caminhadas matinais pela cidade de Belém (Pará), procuro anotar ideias, casos lembrados ou imaginados, frases construídas para desenvolvimento depois. Aí, retomo de alguma forma esses pensamentos, e os desenvolvo apropriadamente.

Uma estratégia para exercitar a criatividade: as sessões de *brainstorm*. Nessas sessões, uma equipe reúne-se para encontrar a solução de dado problema enunciado. A sessão começa com a lista de todas as ideias que os participantes consigam formular para solução do problema. As ideias são anotadas em um quadro. Toda ideia é bem-vinda. Nessa etapa, nenhuma é descartada, por mais insólita que seja. Quando o grupo não conseguir apresentar nova ideia, então parte-se para a segunda etapa, que consiste em analisar detidamente cada ideia, para determinar sua eficácia ou seu descarte. A equipe toda se concentra em avaliar a ideia, com argumentos pró ou contra. Se a ideia proposta solucionar o problema, o processo será encerrado; se não solucionar, passa-se à próxima ideia da lista, com a análise sendo feita de forma semelhante.

Ricardo Semler[8], empresário e escritor brasileiro (1959-), em seu livro *"Você está louco! Uma vida administrada de outra forma"*, descreve a forma como seu grupo empresarial investiga ideias para investimentos, planos de trabalho, reformulações organizacionais. Ele cita como justificativa para o título de seu livro o seguinte: se a ideia apresentada pelo colaborador na reunião mensal do comitê "C Tá Loko" não levar à exclamação do título ("Você está louco!"), ela não será considerada suficientemente inovadora e então não será considerada. O objetivo é contrapor-se aos padrões bem-sucedidos, ao raciocínio de "não se mexe em time que está ganhando". A ideia é exatamente mexer com o que está estabelecido.

[13] RELAÇÕES PESSOAIS

O estabelecimento de uma rede de contatos é elemento importante para qualquer profissional. Esta rede de contatos é chamada de *networking*, em inglês ("trabalhando em rede", em tradução livre).

A troca de informações entre profissionais com interesses comuns é um meio para firmar parcerias, fazer ou receber indicações de trabalho e para troca de informações. Às vezes, a partir da aproximação natural na convivência em grupo, como na escola, na universidade, na igreja, no clube, na vizinhança, estabelecem-se ligações que podem acabar em relações profissionais. O profissional já faz isso naturalmente nas suas relações pessoais. Com o *networking*, ele explora sua habilidade nas relações sociais. Pode ser importante para sua atividade de negócio, como pode possibilitar oportunidades para firmar parcerias hoje ou no futuro.

Portanto, a habilidade de relacionar-se é fundamental para o *networking*. Não se trata de buscar relações de forma interesseira, visando usufruir vantagens. Pois, dependendo da forma como a abordagem é feita, pode ficar patente o interesse de uma das partes. O ideal é que a aproximação ocorra por interesse das partes, em que ambas se beneficiem com a parceria para troca de informações e de experiências. Se uma das partes é inexperiente e pouco pode ajudar na troca de informações, mesmo assim o outro, na relação, pode beneficiar-se com o aumento das suas referências.

Muitas vezes a ocupação de vagas, principalmente nas empresas particulares, decorre de indicações de conhecidos. Mais um ponto favorável ao estabelecimento de *networking*.

Ao participar de um grupo, sempre nos identificamos mais com umas pessoas do que com outras. Naturalmente, vamos nos aproximar das pessoas com que nos identificamos e nos afastar das outras. Tendo em vista a construção de *networking* ampla, devemos aproveitar a convivência para firmar algum relacionamento com todos, sem nenhuma exclusão.

Algumas regras aceitas do *networking*: ser muito cuidadoso com pedidos a pessoas com quem se busca relacionar. O *networking* efetivo busca auxílio mútuo. Quando a reciprocidade não ocorre, há possibilidade de o vínculo não se firmar. O profissional deve relacionar-se com o maior número de pessoas. Estabelecido o relacionamento, ele deve ser renovado com visitas, com mensagens, para não se perder.

Com o desenvolvimento e a disseminação das tecnologias digitais (ou tecnologias de informação e comunicação) e da Internet, este conceito foi levado para o plano abstrato. Assim, o profissional não pode deixar de utilizar esta ferramenta digital, para ampliar e fortalecer seus relacionamentos, colocando-se disponível na rede para que potenciais clientes o vejam, como também acessando parceiros por este meio.

Com estas tecnologias, passou a ser possível a criação de comunidades virtuais, reunindo pessoas que tenham interesses comuns, facilitadas por ferramentas como, dentre outras, o Yahoo! Grupos e o Google Grupos. Uma turma de faculdade pode constituir uma comunidade, já que vai interagir pela vida a fora, compartilhando interesses. Os seguintes oito recursos estão disponíveis nesses serviços: [1] lista de *e-mails*, [2] armazenamento de arquivos, [3] fotos, [4] *links*, [5] bancos de dados, [6] enquetes, [7] agenda, [8] *lives*.

Da mesma forma, as redes de relacionamento (ou redes sociais): são sítios cujo objetivo é compartilhar informações, mensagens, interesses (os chamados perfis de usuários – conjunto de coisas que uma pessoa aprecia, não aprecia, *hobbies*, profissão ou qualquer outro interesse que a pessoa deseja compartilhar). Onze exemplos de redes de relacionamento: [1] *Facebook,* [2] *Instagram,* [3] *WhatsApp,* [4] *LinkedIn,* [5]*Twitter,* [6] *Snapchat,* [7]*YouTube,* [8] QQ, [9] *Viber,* [10] *Orkut* (desativada), [11] *Hi5.*

Dois elementos destacam-se nas redes sociais: os atores (pessoas, instituições ou grupos; os nós da rede) e suas conexões (interações ou laços sociais). Os atores representam os nós da rede. São as pessoas envolvidas na rede. Moldam as estruturas sociais por meio da interação e constituição de laços sociais. As conexões são os laços sociais (interação social entre os atores). Constituem o principal foco do estudo das redes sociais, pois é sua variação que altera as estruturas desses grupos. O capital social tem valor constituído a partir das interações entre os atores sociais[12].

As redes sociais podem formar-se em torno de: blogs, eventos, fotos, vídeos, redes sociais pessoais, *microblogs*, SMS, e-mail, áudio, *wikis*, ferramentas colaborativas, redes sociais de rótulo branco. Como exemplos de cada tipo acima identificado: blogs – WordPress, Blogspot e TypePad; software de eventos – EventFul e Zvents; como software de fotos – Flickr e Zooomr; como software de vídeos – YouTube, Kybe; redes sociais pessoais – Facebook e LinkedIn; como software de microblogs – Twitter, Joiku e Pownce; de SMS – Communications Channel; de e-mails – Bacn; de áudio – ODEO e BlogTalkRadio; de wikis – Twiki, pbwiki e welpaint; de ferramentas colaborativas – Zimbra, Google e Zoho; redes sociais de rótulo branco – Ning[13].

Uma classificação das redes sociais por objetivo: de relacionamentos pessoais (Facebook, Myspace, Twitter, Tymr), profissionais (LinkedIn), comunitárias e políticas. As redes comunitárias são formadas para compartilhar os interesses de uma comunidade. R. Recuero[12] relata a catástrofe ocorrida em Santa Catarina em novembro de 2008 e o importante papel desempenhado por blogs, pelo Twitter e pelas mensagens instantâneas na comunicação dos acontecimentos e na mobilização do país para a ajuda à população afetada pela tragédia. Como exemplo de rede política, Recuero[9] cita a campanha vitoriosa de Barack Obama por meio do Twitter (na divulgação dos eventos da campanha) e na divulgação do vídeo "Yes, we can", postado no YouTube. Podem ser citadas também as últimas campanhas presidenciais brasileiras de 2014 e 2018, em que os candidatos exploraram largamente o Twitter e os blogs[13].

[14] POSTURA PROFISSIONAL

Para destacar-se profissionalmente, o profissional precisa reunir o maior número possível de habilidades listadas no tópico 11 descrito acima ("Habilidades Exigidas Hoje"). Identifico as sete seguintes como especiais: [1] Comunicação (escrita e oral), [2] Capacidade para trabalho em equipe, [3] Resiliência, [4] Comprometimento, [5] Autocontrole, [6] Autonomia, [7] Capacidade de solucionar problemas.

Além dessas, eu aponto como muito importantes as cinco seguintes: [a] Comportamento ético, [b] Honestidade, [c] Diplomacia (trato nas relações pessoais), [d] Pontualidade (respeito ao horário acertado com clientes e colegas), [e] Cumprimento de acordos e promessas (deve haver respeito à palavra empenhada) – quando isso não for possível, a parte com quem o acordo foi feito deve ser avisada antecipadamente, com a informação dos motivos por que o acerto não vai ser atendido.

[15] APRENDIZAGEM PELO ERRO

Em iniciativa empreendedora, aprende-se muito. Foi assim comigo e meus sócios. Nada conhecíamos de marketing. Sempre achamos que podemos fazer qualquer atividade que exija conhecimento técnico. Às vezes, as condições financeiras impõem isso.

Ora, quem está iniciando uma empresa não dispõe de recursos suficientes para dar conta de todas as necessidades da partida: conhecimento contábil, cálculo de tributos, conhecimento mercadológico, legislação de pessoal, além de tudo que diga respeito à legislação referente à própria área do negócio.

Precisando ampliar o número de clientes, sabíamos que tínhamos que divulgar nossos serviços utilizando os meios de comunicação. A primeira dúvida: qual escolher? Rádio, jornal, mala direta, televisão, outdoor, panfletagem, internet, etc.?

O natural seria procurar um especialista na área de marketing, por intermédio de uma agência de publicidade. Essa solução esbarrava, porém, numa dificuldade: inexistência de recursos para pagar esse trabalho. O novel empreendedor decide, então, ele próprio fazer os anúncios.

Foi o que fizemos. Preparamos o anúncio e escolhemos o meio de divulgação que julgávamos adequado para difundir nossos serviços. Optamos por anunciar em jornal. Procuramos o de maior circulação para publicar o anúncio, em edição dominical. Essa edição é a de veiculação mais cara, pois a tiragem do jornal é maior nesse dia.

Anúncio pronto, meio de comunicação escolhido, enviamos o trabalho para publicação. Julgávamos que na segunda-feira mesmo começaríamos a ampliar o número de clientes do serviço que oferecíamos.

Lamentável engano! O custo de um quarto de página na edição dominical em dado caderno custava, a preços de hoje, algo como dez mil reais. No fim da segunda-feira constatamos que tínhamos queimado esse dinheiro: não tínhamos conquistado um escasso cliente sequer. Saldo: meia dúzia de ligações que não resultaram em negócio. Eu me imaginava pondo fogo em um pacote de cem cédulas de cem reais.

Concluímos então que tínhamos que procurar uma agência de publicidade. Quem sabe um profissional especializado não nos ajudaria a alcançar o objetivo? Afinal, não é válido o ditado "cada macaco no seu galho"? Lembramos que nós mesmos criticávamos os empresários que contratam profissional não especializado para informatizar suas empresas: seus resultados não são satisfatórios por causa disso. E percebemos que estávamos fazendo exatamente o que criticávamos.

Decisão tomada, procuramos uma agência. O próprio dono nos atendeu e procurou informar-se sobre o que pretendíamos anunciar. Obteve todas as informações necessárias, prometendo que, dois ou três dias depois, traria um plano de divulgação e algumas opções de anúncios para analisarmos.

Isso feito, recebemos três anúncios para análise. Percebemos que nossos serviços estavam postos usando jogos de palavras e ilustrações que chamavam atenção do leitor para a mensagem. Fizemos a escolha do anúncio entre as opções propostas pelo publicitário. Discutimos rapidamente onde anunciar. Cogitamos a televisão, mas o preço estava fora de nosso alcance. Permanecemos no jornal dominical. Assinamos a proposta de veiculação. Tínhamos trinta dias para pagar a fatura do serviço e o trabalho da agência. Ora, com o resultado da divulgação teríamos o faturamento esperado e pagaríamos tudo. Essa a nossa esperança. Daí em diante, com os clientes conquistados, aumentaríamos nosso faturamento.

Agora vai! É pôr no jornal e ampliar o faturamento!

Mais um engano drástico! A enxurrada de ligações que esperávamos não se confirmou novamente. Mais dinheiro queimado! Outro pacote de cem reais queimado!

Analisamos tudo o que fizemos em busca de saber onde estava o erro. Depois de discussões, concluímos que talvez o cliente que queríamos atingir com a mensagem não a estava recebendo, afinal nosso serviço era diferenciado e tínhamos certeza de que havia clientela potencial para o que era oferecido.

Concluímos: a tiragem dominical é de cerca de sessenta mil exemplares, mas poucos dos nossos clientes potenciais leem o jornal. Tínhamos que redirecionar nossa publicidade. Seguidos anúncios dominicais divulgavam a empresa no mercado sem ampliar a clientela. E havia o preço (alto) dessa publicidade, e não dispúnhamos de folga de recursos para isso.

A partir daí resolvemos fazer publicidade direcionada para o cliente potencial. Como oferecíamos um seminário, então deveríamos fazer com que o folheto de divulgação chegasse às mãos dos profissionais interessados no seu conteúdo. Fazendo assim, rapidamente conseguimos tornar viável o evento, a um custo baixíssimo.

A partir dessa constatação, passamos a racionalizar os custos da publicidade, questionando primeiro onde mesmo estavam os clientes a serem atingidos e por que meio conseguiríamos fazer-lhes chegar às mãos as informações necessárias para sua decisão. Se o que tínhamos era um programa dirigido para advogados, como contatá-los? Ora, uma forma seria encaminhando um vendedor aos seus escritórios para demonstrar-lhes o produto, se tivéssemos listagem com seus endereços. Como obter essa listagem? Poderíamos obtê-la a partir de um catálogo telefônico. Outra forma seria adquirindo a listagem da própria OAB regional. O custo para fazer com que o cliente potencial tivesse ao seu alcance a publicidade seria bastante reduzido.

O aprendizado que esse episódio ofereceu foi valioso.

Na sua trajetória, o empreendedor comete seguidos erros. Alguns muito caros. Se tiver a percepção de identificá-los, e vier a fazer as correções devidas, pelo menos terá valido para seu aprendizado.

[16] QUALIDADE TOTAL

Um dos fatores determinantes de sucesso é a qualidade do produto ou serviço oferecido pela empresa ou pelo profissional autônomo. Se não houver excelência no que é produzido, não há condições de sustentar-se, pois os clientes inevitavelmente vão atrás de quem ofereça melhor qualidade.

Na literatura de administração, essa abordagem é referida como Gestão da Qualidade Total (*Total Quality Management* – TQM). Não concentra nos níveis gerenciais a preocupação pela qualidade: estende-a a todos os profissionais da empresa.

A qualidade total é entendida como a extensão do comprometimento de toda a organização com a excelência do que é produzido ou do serviço que é prestado, em todas as instâncias organizacionais (daí a palavra "total" no nome da abordagem). Particularmente, a alta administração tem papel fundamental – com a sua adesão e com o seu engajamento – para que esse princípio seja internalizado pela organização.

De que forma esse envolvimento pode ocorrer? Pela verificação e cobrança contínuas aos níveis gerenciais e operacionais. A busca da melhoria contínua deve ser valor reconhecido por todos. Isso se expressa pela satisfação total dos clientes da empresa.

Se houver insatisfação, isso é sinal de que há algo errado ou a melhorar. O que leva à satisfação dos clientes? Ausência de defeitos no que é produzido, menor custo, melhor qualidade, melhor forma de apresentação e de entrega dos produtos, ocorrida na hora em tenha sido acertado.

O princípio que norteia a abordagem é dado pelo acrônimo PDCA (formado pelas iniciais das palavras Plan; Do; Check; Act to correct – Planeje; Execute; Verifique; Corrija).

Como complemento à implantação da abordagem a busca de certificação de organizações internacionais (ISO 9000, por exemplo) é um caminho natural.

[17] MARKETING

É a área de conhecimento com atuação empresarial, cujos objetivos são: identificar os anseios e as necessidades do consumidor de uma organização, e buscar formas para atendê-las.

Cabem também à área de marketing a realização de estudos para quantificação de mercado, para determinação de preços, escolha de canais e formas de venda dos produtos ou serviços da empresa, planejamento e execução das estratégias de divulgação a serem adotadas pela organização e estabelecimento de metas de venda e de estratégias para alcançá-las.

Cabe ainda à área de marketing a realização de prospecções para o desenvolvimento do negócio da empresa, para valorização da sua marca e para o lançamento de novos produtos ou serviços, a implementação de ações de CRM (*Customer Relationship Management* – Gestão de Relacionamento com o Cliente) para fidelização de clientes, análise de satisfação da clientela no pós-venda. As ações de Marketing visam, a um só tempo, manter os clientes que a empresa já dispõe como também conquistar novos.

Com relação aos meios de divulgação para os produtos ou os serviços da empresa, para a sua imagem, há várias alternativas a serem consideradas. A melhor escolha é aquela que alcança diretamente o cliente com interesse para o produto ou o serviço oferecido. Assim, como exemplificado acima: se vamos divulgar um produto ou um serviço que interesse advogados, a alternativa de melhor custo/benefício é aquela em que a mensagem chegue a esse público específico. Escolher um meio que atinja um público mais amplo, como, por exemplo, um jornal local, pode ter custo alto, sem eficácia.

Dentre as alternativas de divulgação, podemos citar as dezenove seguintes: jornais locais, jornais regionais, rádios, tevês, catálogos, revistas de circulação nacional e local, campanhas de mala direta, campanhas por e-mail, campanhas em redes sociais, telemarketing, oferta de amostras de produto em locais de ampla circulação, cartazes, *newsletters*, participação em eventos especiais, *outdoors*, *lives*, divulgação em *sites* e em portais da empresa.

A escolha do veículo de divulgação precisa ser bem estudada para alcançar seu objetivo. O meio de divulgação a ser escolhido deve ser aquele que faça com que sua mensagem chegue ao maior número de potenciais clientes do produto ou serviço ofertado com menor custo.

Por limitação de recursos e voluntarismo, às vezes, a pessoa toma decisões sem base em informação. E paga caro por isso. Depois do episódio, ele constata o erro cometido. E aprende! Aprendizado caro! Não é a melhor forma de aprender, certamente.

Há duas formas de aprender com o erro: [1] com os próprios erros ou [2] com os dos outros. A aprendizagem com o erro dos outros se dá por leitura, por vídeo, por contato direto com quem detenha conhecimento na área em questão. A aprendizagem com os próprios erros é inevitável, às vezes: ocorre quando somos levados a tomar decisão sem dispor das informações necessárias.

Esse amontoado de tópicos que compõe este livro objetiva dizer para o profissional: atente para o que é dito por quem viveu dificuldades, acumulou experiências, aprendizados, leituras. Analise o que dizem. Será que lhe são úteis? Alguma experiência será. Retire o que for possível. Sai bem mais barato.

[18] PARADIGMA

Em sua obra "A Estrutura das Revoluções Científicas", Thomas S. Kuhn[14], físico estadunidense (1922-1996), definiu paradigma como a realização científica universalmente reconhecida por um dado período de tempo, e que apresenta problemas e soluções para uma comunidade de praticantes de uma ciência. Ideias, fórmulas, leis, definições, praxes (rotinas), métodos, exemplos, modelos, deontologias (práticas éticas) e soluções adotadas por uma comunidade científica na sua atividade normal constituem, com o reconhecimento desse conjunto de valores, o paradigma dessa comunidade, seu padrão, seu modelo[2]. Isso prevalece por um tempo: até que outro padrão se imponha, resolvendo os problemas do anterior, com vantagens.

Podemos associar o conceito de paradigma ao de modelo de modo geral, seja organizacional, seja metodológico, seja tecnológico, seja psicológico, seja sociológico, seja econômico, dentre outros.

A fase que antecede a formação de uma comunidade científica comprometida com dado paradigma parece ser caracterizada por desorganização, sem acordos específicos e com solicitações constantes de discussões acerca dos fundamentos da própria disciplina. Bruno D'Amore[15], matemático italiano (1946-), brinca a respeito dessa fase, dizendo que há tantas teorias quantos pesquisadores, e contínuas solicitações de esclarecimentos dos próprios pontos de vista assim como dos outros.

Há um risco decorrente da utilização, por longos períodos de tempo, de um dado paradigma: a percepção de que aquela é a "forma certa de fazer tal coisa". Essa percepção é limitadora, equivocada. Novas abordagens devem sempre ser tentadas, em busca de se conseguir inovar, fazer melhor, de forma mais econômica, no menor tempo, envolvendo menos pessoas. Esse apego a dado padrão de como se fazer algo é chamado de "paralisia de paradigma". Essa é a razão por que, quase sempre, quem provoca quebra de paradigmas é quem não utiliza o paradigma substituído. Joel Barker[16], futurólogo inglês, afirma que o sucesso na utilização de um paradigma ofusca a percepção do novo e a sua busca.

No seu vídeo "A Questão dos Paradigmas", Barker[16] apanhou o conceito de paradigma e o trouxe para a área industrial.

Um dos casos que ele cita é o do relógio a quartzo suíço: em 1968, a Suíça detinha 65% do mercado mundial de relógios e 80% dos lucros – e tradição de 100 anos na indústria relojoeira. O Japão e os Estados Unidos não tinham participação nessa área. Apenas dez anos depois, a Suíça detinha 10% do mercado mundial e havia perdido 50 mil dos 65 mil empregos que oferecia. Japão e Estados Unidos passaram a dominar essa indústria. Que ocorreu? Houve uma quebra de paradigma tecnológico. A Suíça dominava o mercado de relógios mecânicos. Mas esse paradigma tecnológico foi quebrado quando surgiram os relógios eletrônicos, movidos à bateria. Essa revolução tecnológica levou o mercado de relógios "à estaca zero". Barker chama esse fenômeno de "Regra da Volta à Estaca Zero"[17]. O sucesso do passado de nada adianta quando ocorre a mudança de paradigma.

A base para a mudança de paradigma do relógio mecânico para o relógio a quartzo foi a descoberta das propriedades desse mineral (segundo mais abundante no planeta) na geração de impulsos elétricos. Havia ainda uma vantagem adicional para a mudança: a precisão do relógio. Os relógios mecânicos apresentam desajuste de um décimo de segundo por dia, enquanto nos relógios a quartzo o erro é de um milésimo por dia. Pronto! Duas vantagens para quebrar o paradigma da indústria relojoeira: com o quartzo produzem-se relógios mais baratos e mais precisos. Como ficar ainda com os relógios mecânicos? Só mesmo como um produto *vintage* (produto clássico, antigo).

O mais curioso dessa história – Barker nos diz isso no vídeo – é que a descoberta da tecnologia ocorreu em congresso realizado pela própria indústria relojoeira suíça. Mas não foi levada a sério. Nem patenteada foi pela indústria suíça. Os fabricantes do país não perceberam que o futuro da indústria estava ali. Para eles, afinal, aquele protótipo não apresentava engrenagens, mola mestra, que caracterizam os relógios mecânicos. Esse fenômeno é a "paralisia de paradigma", mencionada no início. Para eles, jamais o futuro estaria ali. Não pensaram assim os representantes no evento das incipientes indústrias americana (*Texas*

Instruments) e japonesa (Seiko). Viram uma oportunidade a explorar com a nova tecnologia.

Barker[16] observa que os detentores de um paradigma, com frequência, se apegam a ele, como que paralisados pelo seu sucesso, e não buscam caminhar na direção do novo padrão. Acabam superados por quem não pertence a essa comunidade, e que propõe o novo paradigma – com vantagens substantivas em relação à forma anterior, seja pela redução de custos, seja pela redução de tempo do processo envolvido, seja por possibilitar melhor controle do processo, seja pela combinação desses fatores todos. Se ele se confirma como a nova forma de fazer algo, impõe-se a mudança de paradigma.

Outro caso em que a mudança de paradigma se tornou imperativa apresentado no vídeo é o da fotografia eletrostática da xérox. O projeto de pesquisa foi apresentado para industriais da área de fotografia, mas rejeitado. Posteriormente, com a colocação no mercado das máquinas xerográficas, veio a constituir-se em um dos negócios mais rentáveis do século passado.

Barker[16] afirma ainda no vídeo que o sucesso conseguido hoje com um modelo de negócio não é garantia de que seja mantido amanhã. Isso impõe a quem seja detentor de um negócio apoiado em dado paradigma que mantenha estudos e pesquisas sobre o próximo paradigma naquela área. Quando a mudança de paradigma se impuser, a migração para o novo padrão será mais rápida, com grande vantagem sobre a concorrência. Barker[16] utiliza a metáfora de pilotar um carro em estrada empoeirada: quem está à frente leva grande vantagem sobre quem vem atrás. Quem está na dianteira tem visibilidade da pista para andar mais rápido, quem está atrás é prejudicado pela poeira levantada por quem está na frente, por isso precisa ir mais devagar.

São muitos os exemplos de empresas cujos negócios se apoiavam em dado padrão (ou tecnologia), mas seus dirigentes não ficaram atentos às mudanças de paradigma naquele negócio e, quando se deram conta, a empresa já tinha perdido espaço para a concorrência, e não conseguiam mais reconquistar sua posição anterior.

Quem atua por muito tempo em uma área (seja científica, seja em um negócio), tem a propensão a achar que a forma como faz o que precisa no seu cotidiano é a única. Afinal, tem dado certo. Há natural acomodação tanto quanto ao processo, quanto à tecnologia utilizada. Trata-se da "paralisia de paradigma", citada agora pela terceira vez neste tópico, como forma de reforço: o domínio de dada forma de fazer uma coisa leva a que as pessoas envolvidas considerem que essa seja a única forma de fazê-las. O que não é verdade, decididamente. São incontáveis os exemplos que atestam isso.

Só que quem não atua nessa área não tem essa limitação, e nem se submete a ela.

Já vi isso ocorrer em muitas situações. Alguém que não pertence ao grupo atuante vem de fora sem nenhuma amarra conceitual, processual ou tecnológica, e acaba fazendo melhor.

Na área tecnológica, por não ter compromisso com os padrões estabelecidos, quem não pertence a essa comunidade, tem grande chance de revolucionar, de inovar, por não se ter imposto os limites da convenção estabelecida.

Tenho enveredado neste ano por uns caminhos que não foram os meus nas últimas décadas. Com isso, sempre é possível ser rechaçado com críticas de quem está no batente e se sente dono da praia:

– O que esse intruso quer aqui?

– Ora, quero mostrar como vejo as coisas. É diferente de como vocês veem, e de como têm feito... Minha forma pode ser melhor que a de vocês, ou, pelo menos, é mais uma maneira de se fazer isso.

Para finalizar o texto deste item, transcrevo de Dolabela[18] três "frases para pensar", contendo erros graves de avaliação a respeito de inventos que viriam mostrar-se depois sucesso retumbante:

> [1] Esta ´geringonça´ tem inconvenientes demais para ser levada a sério como meio de comunicação. Ela não tem nenhum valor para nós.
> *Memorando interno da Western Union, sobre o telefone em 1876.*

> [2] Quem pagaria para ouvir uma mensagem enviada a ninguém em particular?
> *Sócios de David Sarnoff, fundador da RCA, em resposta à sua consulta urgente sobre investimentos em rádio em 1920.*

[3] O conceito é interessante e bem estruturado, mas, para merecer uma nota melhor do que 5, a ideia deveria ser viável.
Examinador da Universidade de Yale sobre tese de Fred Smith propondo um serviço confiável de malote (Smith viria a ser o fundador da Federal Express).

[19] AUTONOMIA

Já no início da Educação Básica deve-se desenvolver a "estratégia do aprender a aprender, saber pensar, compreender a realidade globalmente, avaliar processos sociais e produtivos, discutir e realizar qualidade da cidadania e produção", ao mesmo tempo em que se busca a "atualização constante"[19].

Há atualização constante nos conteúdos programáticos de disciplinas com o avanço científico. Por isso, é tão importante a estratégia de aprender a aprender, aprender a pesquisar, aprender a elaborar, atitudes essas necessárias para a vida toda[13].

Por conseguinte, o Sistema Educacional precisa organizar-se para garantir a aprendizagem permanente. A escola dedicada a transmitir informação, incentivar a retenção e a reprodução de informação não tem espaço na era digital. Posto que a informação esteja disponível e seja acessível a todos, são exigidos os seguintes saberes: saber processar, saber reconstruir, saber organizar, saber utilizar a informação de forma crítica e criativa para resolver problemas complexos[20].

Três competências básicas[20] que são válidas para todos os estudantes: [1] a capacidade de utilizar de forma crítica e criativa o conhecimento disponível, [2] a capacidade de colaborar e conviver em sociedades (mais e mais) heterogêneas, e [3] a capacidade de desenvolver-se autonomamente, ou seja, a capacidade (já referida) de "aprender a aprender"[13].

O profissional acredita que haja quem não recomende a autonomia como característica importante a ser desenvolvida pelos estudantes? Pois há.

A despeito da autonomia proporcionada pelo "aprender a aprender", há críticos que apontam a tentativa de aproximar as ideias vygotskianas das ideias neoliberais. Lev Vygotsky, psicólogo russo (1896-1934), é pai da Psicologia Cultural-histórica. Para ele, o desenvolvimento intelectual ocorre como resultado das interações sociais e das condições de vida. Newton Duarte [21,22], professor e escritor, é um desses que não apreciam, incompreensivelmente, o desenvolvimento da autonomia por parte do estudante. Ele afirma que o "aprender a aprender" leva à Pedagogia que desvaloriza a transmissão do saber objetivo, diminui o papel da escola nessa tarefa, diminui a importância do professor e atende a proposta educacional que prega a formação de indivíduos que se adaptem às atuais formas de trabalho flexível exigidas pelo mercado, caracterizadas pelo conhecimento técnico, sem necessidade de domínio de conhecimentos universais. Como se a capacidade de se adaptar às necessidades momentâneas excluísse a de buscar domínio de conhecimentos universais. São necessariamente caminhos excludentes?

[20] LER, LER, LER...

Um dos pontos destacados nas ideias de Pierluigi Piazzi (1943-2015), italiano, químico, professor que viveu a maior parte da sua vida em São Paulo, para melhoria do rendimento geral dos estudantes é a leitura – e como hábito a desenvolver para levar para a vida.

Para criar o hábito, ele recomendava que o estudante procurasse encontrar livros com assuntos que despertassem seu interesse. Não adiantaria indicar, por exemplo, *Dom Casmurro*, de Machado de Assis. Não é razoável começar esse processo de criação de hábito com a leitura de um clássico. Para isso, Piazzi recomendava que o estudante pegasse livros na biblioteca, vários. Se, ao iniciar a leitura de um, a obra não lhe motivasse a continuar, ele sugeria que o aluno o abandonasse e pegasse outro. Assim, vai fazendo até que encontrasse os assuntos ou os autores que lhe motivassem a ler.

O trabalho do professor Piazzi me chamou a atenção porque o método de estudo que tenho adotado ao longo da vida se aproxima do proposto pelo professor Piazzi. Ao ver um de seus vídeos no YouTube[60], encontrei explicações coerentes para a efetividade do método que eu próprio utilizo para aprender, sem esquecer.

Passei a recomendar a leitura como forma de garantir autonomia ao estudante. Depois de me ouvir falar sobre a importância da leitura para melhorar a capacidade de comunicação escrita e de compreensão, um estudante me disse que nunca tinha lido um livro completo. Eu lhe respondi que dava para saber disso sem que ele dissesse, pois cada frase que escrevia continha pelo menos um erro. E esse número de ocorrências era exceção!

[21] SABER ESCREVER

Saber escrever é importante para destacar-se. Afinal, essa habilidade é tão rara. Em um grupo, quando é necessário redigir uma comunicação qualquer, muitos escapam da tarefa pela habilidade que lhes falta. Por isso, eu recomendo que o profissional priorize a aquisição dessa competência. Com ela, ele vai sobressair naturalmente.

A habilidade da escrita é conseguida de duas formas que cooperam entre si: estudo sistemático da língua e hábito de leitura. O estudo sistemático da língua portuguesa deve abranger: a gramática, as figuras de estilo, as fôrmas de prosa e de poesia, a teoria e a crítica literária, a análise do discurso, dentre outros tópicos. A "análise do discurso" é uma prática da Linguística que analisa a estrutura de um texto visando compreender a construção ideológica empregada em sua feitura.

Por sua vez, o estudo da gramática abrange a fonologia (estudo dos sons do idioma), a morfologia (estrutura, formação e classificação das palavras) e a sintaxe (relação entre termos das orações).

Mas não só isso. Aprende-se a escrever, complementarmente, com a leitura de bons textos. Isso possibilita enriquecer o vocabulário, assimilar conhecimento, exercitar a interpretação de texto, internalizar expressões e construções sintáticas. E que a leitura se fixe como hábito. Essas as precondições – necessárias, mas ainda não suficientes – para adquirir a habilidade da escrita (e por que não dizer, de tornar-se escritor?). Há ainda outros ingredientes desejáveis: obstinação, criatividade, capacidade de argumentação e de apresentação de contra-argumentos em debates, capacidade de abstração para ater-se ao que é essencial no que vai retratar nos seus textos, deixando de lado aspectos irrelevantes.

Desse modo, quem pretende adquirir conhecimento e aprimorar habilidade da escrita precisa ler com frequência. Como citado no tópico 20 ("Ler, ler, ler..."), ler muito. Quanto mais, melhor.

[22] RESILIÊNCIA

Resiliência é um conceito que teve origem na Física: é a propriedade que alguns materiais apresentam de voltar à forma original depois de terem sido tensionados ou deformados. Em Psicologia, é a capacidade que uma pessoa apresenta de lidar com problemas, de saber superá-los, ou de adaptar-se a mudanças (mesmo que impostas), ou de resistir a pressões de toda natureza.

Há algumas características que, se presentes, permitem indicar alto grau de resiliência de uma pessoa: otimismo, autoconfiança, persistência, criatividade, flexibilidade, inteligência emocional (quem tem essa capacidade lida bem com suas emoções). As características que, se presentes, ao contrário, apontam baixo nível de resiliência: pouca criatividade, dificuldade de tomar decisões, dificuldade nas relações sociais, pessimismo, dificuldade de lidar com suas emoções.

Escrevi uma nota em livro de crônicas, que intitulei "Resiliência estomacal". Leia o relato a seguir.

Tive um colega muito apegado a cargos de direção. O laço de amizade permitia que eu lhe apresentasse minha avaliação: eu dizia que ele tinha "estômago de avestruz" para tolerar o que lhe era imposto para permanecer no cargo de direção, a despeito de saber que os superiores imediatos, que haviam assumido por eleição em instituição federal, queriam que ele entregasse a função para poder nomear alguém alinhado com a nova administração, mas não pretendiam retirá-lo arbitrariamente, e faziam tudo para que ele entregasse o cargo.

Tratavam-no mal, com desapreço, deixavam-no horas esperando para ser recebido no gabinete do reitor, adotavam toda sorte de ação para depreciá-lo, não liberavam recursos para sua área; enfim, sobremaneira dificultavam seu trabalho.

A referência ao estômago do avestruz é pelo fato característico de o suco gástrico dessa ave ser capaz de dissolver o que vier goela abaixo, mesmo quando é altamente indigesto.

E ele, inatingível, se mantinha na função, como se tudo fosse normalíssimo.
Eu já não teria semelhante resiliência nesse caso. Na segunda ocasião em que alguém da administração recém-empossada me destratasse, eu jogaria tudo para o ar.

[23] LIDERANÇA

Este tópico é para chamar atenção para habilidades exigidas do gerente. Começando pela comunicação. Qual é o percentual do tempo do gerente ocupado com atividades de comunicação? 90%. São contatos (orais ou por escrito) com patrocinadores, clientes, fornecedores, participantes da equipe do projeto, usuários. Conferências, videoconferências, reuniões de revisão do projeto, produção de relatórios de status.

Outras habilidades necessárias: capacidade de organização, planejamento, resolução de conflitos, negociação, formação de pessoal, motivação e inspiração da equipe. Como síntese de tudo, em uma palavra: liderança.

[24] ÉTICA

A Ética é um ramo da Filosofia que trata do que é considerado certo ou errado, bom ou ruim. O que não é ético não é necessariamente ilegal. Portanto, na maioria das situações, uma pessoa ou uma organização ao precisar tomar uma decisão ética não deve considerar desobedecer à lei[23].

Às vezes, ficamos em dúvida se tal ou qual comportamento é ou não ético, se tal ou qual posição que precisamos tomar é ou não ética.

Paulo Masiero[24], professor titular da USP (São Carlos), apresenta quatro testes para saber se dado comportamento deve ser adotado ou não:

[1] O *teste da família*: você contaria para sua família que fez tal coisa?

[2] O *teste da empatia*: como lhe pareceria se você se colocasse na posição da pessoa atingida pela ação?

[3] O *teste do sentimento*: como você se sente agindo dessa forma? Intranquilo? Causa-lhe incômodo?

[4] O *teste do repórter investigativo*: que lhe parece se sua ação fosse veiculada em noticiário na televisão?

Se a intuição nos diz que alguma ação não é ética, ou não é moralmente correta, é melhor fazer antes os testes para seguir com a consciência tranquila.

Ao longo da História pode-se perceber isto: a Ética é busca pelo respeito à convivência. Busca-se, incessantemente, aperfeiçoar a convivência.

O cigarro atraiu uns como forma de prazer; incomodava outros, mas havia tolerância. Eles conviviam no mesmo espaço fechado. Com o avanço do conhecimento, houve a conclusão de que havia o fumante passivo, com saúde tão prejudicada quanto à do ativo.

Num primeiro estágio para aperfeiçoar a convivência, reservaram-se espaços onde o fumante poderia praticar seu vício. Agora nem isso. O fumante tem seu espaço cada vez mais restrito pelo convencimento de que o fumo é nocivo também para os circunstantes (quem está ao redor).

[25] ATUALIZAÇÃO PERMANENTE

Postura óbvia esperada do profissional hoje: manter-se atualizado na sua área de atuação. Ele deve promover a **aprendizagem continuada**, que represente assimilação de novos conceitos, e possibilite criação e reconstrução de conhecimentos, como também ter ciência de questões contemporâneas, não só de seu campo de atuação.

Com esta capacidade, o profissional expressa compreensão de que sua formação é processo contínuo, autônomo e permanente.

[26] ESPÍRITO EMPREENDEDOR

Empresário é "aquele que é dono ou dirigente de uma empresa (organização), ou que opera no agenciamento de negócios"[25]. O empreendedor é quem percebe oportunidades, concebe negócios e, para viabilizá-los, constrói empresas.

Observe que o sentido da palavra empresário é mais restrito. Podemos encontrar empresário sem espírito empreendedor; nesse caso, é um mero administrador da empresa, criada por outrem. O empreendedor pode vir a tornar-se empresário e ter excelente atuação como tal. Normalmente, o empreendedor torna-se empresário.

O empreendedor é importante porque transforma a sociedade por meio dos negócios que cria. Ele tem iniciativa, procura exercer influência, não se acomoda. Não se conforma com situações adversas. Diante dessas condições, ele vai atrás de superar os problemas. O empreendedor é um visionário, no sentido do conceito de "visão do futuro" citado no tópico [7] deste livro.

Algumas capacidades são reconhecidas como necessárias para o empreendedor fazer o seu papel. A primeira das quais é a capacidade de assumir riscos. Uma característica forte da atividade empreendedora é a incerteza envolvida: não há como garantir sucesso em um negócio. É óbvio que a identificação dos fatores críticos de sucesso antecipadamente permite que sejam monitorados, com maior chance de atenuação de seus efeitos se ocorrerem.

A habilidade de detectar oportunidades de negócio é outra característica do empreendedor de sucesso. Perceber oportunidades e antecipar-se aos concorrentes é vital para o sucesso do empreendedor. Quem toma a dianteira em um negócio leva vantagem sobre a concorrência.

O conhecimento da área de atuação do negócio possibilita melhores decisões – por isso esse conhecimento é exigido.

Outra habilidade do empreendedor é o senso de organização: ao perceber que um processo apresenta alguma redundância de passos ou ações desnecessárias, o empreendedor deve simplificá-lo, racionalizá-lo, organizá-lo.

O empreendedor trabalha com equipe, equipe precisa de um líder; o empreendedor precisa assumir esse papel.

O empreendedor é agente de seu próprio sucesso: a capacidade que o move é a busca da sua realização.

A essência do empreendedor é a confiança no que faz; por isso o empreendedor é otimista.

A percepção de oportunidades que se apresentam diante das pessoas não é notada por todos; o empreendedor se destaca pelo seu tino empresarial.

[27] EDUCAÇÃO FINANCEIRA

Este tópico é muito importante para o profissional. Educação financeira é a aplicação de métodos ou procedimentos que busquem assegurar que uma pessoa use racionalmente o dinheiro que ganha (ou de que dispõe), visando, a um só tempo, evitar passar por dificuldade decorrente da sua falta, e acumular para independência futura.

O conhecimento de educação financeira garante o bem-estar da pessoa, na medida em que impede que ela vivencie situações de estresse que a falta de dinheiro acarreta. Quando ela precisar gastar, que o faça com inteligência, que ela evite tomar decisões erradas, precipitadas, sem pesar os riscos associados às operações que envolvem dinheiro, que possam levar à sua perda.

Desse modo, a educação financeira pressupõe disciplina no uso do dinheiro que se ganha, de forma que haja controle nos gastos, para não superar os rendimentos mensais. O saldo mensal, nesse caso, é investido para consumo futuro ou para possibilitar a independência financeira ou para utilização em necessidades emergenciais. Para que isso ocorra, a pessoa precisa controlar seus gastos, planejar a utilização do dinheiro que ganha, para que o saldo mensal seja positivo. Se o saldo for negativo, significa que a pessoa precisa utilizar suas reservas ou, se não dispuser, tem que recorrer a empréstimos de terceiros, sujeitando-se ao pagamento de juros.

Havendo saldo mensal, o profissional educado financeiramente precisa recorrer a uma das formas de investimento, visando à valorização desses recursos. Há muitas formas de investimento possíveis, com ganhos diferentes, dependendo dos riscos envolvidos na aplicação: caderneta de poupança, imóveis, CDB, títulos indexados ao IPCA, fundos DI, fundos de renda fixa, ouro, dólar, ações negociadas em bolsa, e outras.

Se você consegue tornar-se investidor, isso significa fazer com que o dinheiro aplicado trabalhe por você. Robert Kiyosaki e Sharon Lechter[26], autores de "Pai Rico, Pai Pobre: o que os ricos ensinam a seus filhos sobre dinheiro", dizem que os pobres e as pessoas da classe média trabalham pelo dinheiro; já os ricos fazem com que o dinheiro trabalhe por eles.

Sem domínio da educação financeira é impossível conquistar a independência que garanta, no futuro, que a pessoa viva dos rendimentos do que conseguiu juntar, particularmente quando ela não tenha mais condições laborais ou quando essas condições forem reduzidas pela idade. Não estamos considerando aqui a conquista da independência por outra forma que não seja o trabalho, como é o caso de obtenção pelo acaso ou por sorte (loteria), herança, ou outras formas.

É conveniente que a aplicação dos conhecimentos relacionados à educação financeira torne-se um hábito para a pessoa. Esse hábito fará com que ela forme um patrimônio sólido depois de dado período de tempo.

Com relação a investimentos para formação de patrimônio, deve-se ter preferência pela aquisição de produtos que rendam dinheiro (ativos bons – geram renda). Esse é o caso da compra de um imóvel para alugar, por exemplo. Esse ativo não será fonte de custo: ao contrário, o aluguel é fonte de renda.

Agora, analise outro caso: a compra de um imóvel na praia (é considerado ativo ruim – gera custo). Este é o tipo de investimento que, salvo se for usado com muita frequência pelo comprador, representa fonte de despesas com consumo de água, energia elétrica, segurança, caseiro, impostos. Se o comprador utiliza o imóvel somente nas férias, ele deveria avaliar o benefício proporcionado em confronto com o peso dos custos anuais nos rendimentos dele. Além disso, normalmente esse tipo de imóvel não passa por valorização. Havendo interesse em desfazer-se dele por algum motivo, não é fácil fazer negócio com vantagem. A liquidez desse tipo de imóvel é baixa[27]. Liquidez é a medida da facilidade com que um ativo é convertido em dinheiro, em caso de necessidade. Diz-se que a liquidez de uma casa de praia é baixa porque normalmente não é fácil vendê-la quando desejado.

Voltando a Robert Kiyosaki e Sharon Lechter[26]: eles dizem que as pessoas ricas adquirem ativos bons; os pobres e a classe média adquirem obrigações, pensando que são ativos bons.

Glória Maria Garcia Pereira[28] cita três estilos pessoais na forma de lidar com dinheiro: **[1]** consumista ou gastador; **[2]** entesourador ou poupador; **[3]** educado financeiramente ou consciente.

O consumista é o que compra até o que não quer (compra por impulso). Segundo Pereira, 60% dos brasileiros das grandes cidades têm esse perfil. É a pessoa que vive intensamente o presente, não planeja, joga as dívidas para o futuro.

O entesourador (ou poupador) é o estilo dos que fizeram fortuna, movidos pelo medo inconsciente de passar dificuldades no futuro. Como sua atenção é com o amanhã, não desfrutam da vida no presente como poderiam. Quem não conhece alguém que se enquadra nesse perfil? Trabalham de domingo a domingo, acumulam riqueza, vivem espartanamente (ou seja, de forma austera), não usufruem seu dinheiro, e, no fim, deixam tudo para herdeiros, que se encarregarão de acabar com a fortuna em pouco tempo [28,29].

A respeito do educado financeiramente, Pereira[30] afirma: "é a pessoa que faz tudo que quer sem problemas financeiros e não deixa de fazer nada por falta de dinheiro". A consciência com que age em relação ao dinheiro permite que viva o presente, usufrua a vida; saiba realizar seus sonhos; invista o que planeja, lidando com riscos, sem perder patrimônio.

Tudo gira em torno de dois conceitos da economia, mas aplicáveis em várias situações da vida, definidos por Eduardo Giannetti[31]: troca intertemporal e termos de troca entre presente e futuro.

Troca intertemporal são escolhas feitas no tempo: opta-se por algo, com aceitação de pagá-lo já no presente para recebê-lo no futuro, ou é recebido no presente, mas o pagamento será quitado em data futura.

O primeiro tipo é a troca intertemporal na posição credora: o custo precede o benefício; um ônus é aceito no presente, mas o benefício será concedido no futuro. É o caso de pagar no presente, e usufruir em data futura.

O segundo tipo é a troca intertemporal na posição devedora. Usufrui-se agora e paga-se depois. O benefício precede o custo.

O outro conceito é o de termos de troca entre presente e futuro. Também há duas posições: credora e devedora.

O termo de troca na posição credora é o benefício adicional que espero receber por pagar no presente algo que receberei no futuro. Em outras palavras: qual é a recompensa pela espera?
E o termo de troca na posição devedora? Traz-se um valor do futuro para ser usufruído no presente.
O termo de troca entre presente e futuro é o preço da impaciência.
Quanto maior a minha urgência em obter algo, maior será o preço que eu terei que pagar para obtê-lo logo.
Na vida de uma pessoa, há inúmeras situações em que a escolha de posição credora é aceitável: em vista de algo a ser conquistado no futuro, algum sacrifício é aceito no presente.
Da mesma forma, há situações em que a posição devedora é legítima e perfeitamente aceitável.
A questão colocada, objeto de pesquisa em muitas áreas de conhecimento, é: por que as pessoas se diferenciam tanto em relação às suas escolhas no tempo? Por que alguns aceitam sacrifícios consideráveis no presente em face de algo a ser conquistado no futuro? Por que outros são tão imediatistas e, para usufruir de algo logo no presente, aceitam pesados ônus que se estendem por futuro distante?
Esses conceitos são aplicáveis da mesma forma para empresas, sociedades, países.
Os dois textos curtos a seguir encerram o tópico 27 – Educação Financeira.

[27.1] COMO FICAR RICO?

Sei a resposta dessa questão (quem não sabe?) e a apresento em disciplinas como "Empreendedorismo" e outras em que caibam rudimentos de educação financeira. Claro, não me refiro a enriquecer com alguma modalidade de atividade criminosa, nem com jogo (legal ou ilegal), nem com a criação de alguma seita religiosa. Falo de enricar com o trabalho. Trabalho honesto!

Antes antecipo possível questionamento que os alunos podem me fazer: se sei como enriquecer, por que, afinal, não apliquei esse conhecimento, já que não sou rico? Eu começo respondendo essa pergunta. Não relato as razões aqui porque se trata de algo muito pessoal (não cabe dizê-lo em um livro): deixo para externar em sala, onde é possível fazer alguma confidência como reforço de argumento. Depois de explicar por que não consegui enriquecer, listo os comportamentos que impedem chegar à riqueza. A partir daí, apresento os comportamentos, os conhecimentos e os argumentos que levam à riqueza.

Na questão comportamental, a partir das receitas existentes, a determinação de gerar o maior saldo mensal possível, depois de pagas todas as contas assumidas. Esse saldo é investido para garantir a independência futura. Aqui cabe o estudo das alternativas de investimento existentes para escolha das mais rentáveis. Havendo a perspectiva de quinze a vinte anos com tal comportamento (sem se arredar dele – tarefa dificílima, pois exige renúncia do usufruto no presente de bens em face do futuro), o alcance do objetivo é resultante de simples aplicação de juros sobre juros. A renúncia mencionada é o que o professor Eduardo Giannetti (2015) chama de troca intertemporal na posição credora.

Aliás, é oportuno acrescentar: não me parece que seja uma perspectiva de vida razoável, ou aceitável, a da busca da riqueza em si. Antes que a nossa existência seja uma trajetória ao encontro da qualidade de vida que a independência financeira oferece ou pode proporcionar.

[27.2] A IMPORTÂNCIA DA POUPANÇA

A poupança é a forma de se conseguir juntar dinheiro para formar uma reserva para situações eventuais ou emergenciais, como também para conseguir independência futura ou, mesmo, para comprar algum bem de consumo. Benjamin Franklin (polímata estadunidense, 1706-1790; polímata é o indivíduo que domina muitas ciências) *apud* Halfeld[49] destaca a importância da poupança, afirmando que um centavo poupado é um centavo ganho.

[28] AUMENTO DA INTELIGÊNCIA

Um dos quatro vídeos do YouTube que eu indico para meus alunos é de Pierluigi Piazzi, intitulado "Aprenda a estimular a inteligência"[60]. O vídeo trata de como estudar com melhor rendimento.

Como citado no tópico 19, Piazzi era italiano (1943-2015), químico, radicado em São Paulo. Notabilizou-se como professor de cursinho de vestibular. Publicou nove livros, dentre os quais uma série de quatro volumes com os títulos "Aprendendo Inteligência", "Estimulando Inteligência", "Ensinando Inteligência" e "Inteligência em Concursos", e com subtítulo comum "Manual de instruções do cérebro", complementado, respectivamente, com uma das opções: para estudantes em geral (volume 1), para seu filho (volume 2), para seu aluno (volume 3) e para concursistas e vestibulandos (volume 4).

Segundo ele, para haver maior aprendizagem, o discente deve assistir às aulas na turma (em geral de forma passiva) e depois, no mesmo dia, sozinho, ele deve repassar o que foi abordado na aula.

Para Piazzi, há dois papéis distintos do discente aí: o aluno e o estudante. Na sala de aula, como aluno (membro de uma turma), ele procura entender os assuntos abordados pelo professor; em casa (ou mesmo na escola de período integral), como estudante, solitariamente, ele revê os pontos tratados, faz exercícios, faz anotações.

Piazzi destacava que estudar é escrever, com lápis ou caneta; não é digitar, não é sublinhar texto. Que informações o estudante deve anotar? Rindo, o professor dizia que ele deveria anotar o que achasse necessário como se estivesse preparando uma cola.

Portanto, para melhorar a aprendizagem, ele recomendava que se aumentasse o número de horas de estudo, e não o número horas de aulas.

Ele comentava que nos países com os melhores rendimentos no PISA (como a Finlândia), a escola é em período integral, havendo aulas pela manhã; a tarde é reservada para atividades esportivas e para o estudo individual, em que os estudantes repassam os pontos abordados nas aulas e fazem as tarefas reservadas para casa.

Para justificar por que o estudo dos pontos das aulas teria que ser reforçado no mesmo dia antes de dormir, ele recorria a explicações acerca do funcionamento do cérebro. A regeneração das redes neurais do indivíduo ocorre durante períodos do sono. Se houver registros fortes dos conhecimentos assimilados no dia, esses passarão a compor sua rede neural, com o armazenamento em caráter permanente no córtex cerebral. Os registros fracos (aqueles que não foram reforçados por meio de anotações durante o estudo) que ficam no sistema límbico (temporariamente) não serão repassados para a rede neural, perdendo-se em um ou dois dias.

Ele utilizava a seguinte metáfora: a aprendizagem é uma escada enorme. Sobe-se um degrau em cada dia, ou seja, aprende-se pouco em cada dia. Por isso, ele dizia que um dia perdido nunca mais será recuperado.

Ele apontava três regras que deveriam ser adotadas nas escolas:

[1] fazer com que os alunos tenham atenção às explicações dos professores nas aulas, fazendo anotações, evitando conversar e usar celular, procurando entender o que o professor explica; se não entender, pedir que o professor explique novamente;

[2] não estudar só para a prova: estudar todo dia, como citado;

[3] criar o hábito da leitura.

Esses três pontos seriam suficientes para melhorar o nível de aprendizagem dos alunos.

Associado ao primeiro ponto acima, Piazzi apresentava a sua máxima: "aula dada, aula estudada; hoje!".

A respeito do hábito da leitura, como afirmado no tópico 20 ("Ler, ler, ler"), ele recomendava que o aluno procurasse encontrar livros com assuntos que despertassem seu interesse. Não adiantaria indicar, por exemplo, *Dom Casmurro*, de Machado de Assis. Não daria para começar com a leitura de um clássico, que é bem mais difícil. Para isso, ele recomendava que o estudante pegasse livros na biblioteca, vários. Se, ao iniciar a leitura de um, e a obra não lhe motivasse a continuar, ele sugeria que o aluno o abandonasse e pegasse outro. Assim, ele vai fazendo até que encontre os assuntos ou os autores que lhe motivem a ler.

O segundo ponto acima – estudar para a prova – é mal generalizado. Os discentes não estudam todo dia, como recomendado pelo professor Piazzi. Eles deixam para estudar no dia da prova. Isso quando estudam. Como apontado, explica-se o baixo rendimento do aprendizado.

O terceiro ponto – hábito da leitura – é elemento reforçador da aprendizagem, com efeito de melhoria na escrita, na assimilação de conhecimentos, na habilidade da argumentação, na autonomia (autoaprendizagem) do discente.

O método de estudo que tenho adotado ao longo da vida se aproxima do proposto pelo professor Piazzi. Ao ver seu vídeo, encontrei explicações coerentes para a efetividade da abordagem que eu próprio utilizo para aprender, sem esquecer.

O que escrevi até esse ponto foi baseado em palestras do professor Piazzi que assisti no YouTube. Só depois li os livros da sua coleção Neuroaprendizagem (quatro volumes)[61]. Que me ficou dessa leitura?

Os livros trazem em essência o que se encontra na síntese que fiz. Têm pouco mais de cem páginas cada. São bem ilustrados. As mesmas expressões contundentes sobre Pedagogia, pedagogos, construtivismo encontradas nas palestras são reproduzidas no texto, com as mesmas palavras.

Uma ponderação para o leitor: quando estudamos o trabalho de um autor, com frequência encontramos pepitas que precisamos conservar, mas devemos estar preparados também para separar possível cascalho inservível que encontrarmos na garimpagem, e dar-lhe a destinação correta: jogar para longe. Aprecio o trabalho do professor Piazzi, por isso o incluí na minha série de livros "Elementos de Didática" que abrangem áreas de conhecimento, mas rejeito – por considerar descortês, incorreta e inadequada – a forma como ele se referia à Pedagogia, aos profissionais da área e aos autores clássicos brasileiros.

[29] TER PRODUTOS

Trata-se de gerar renda por meio da disponibilização de produtos monetizados em redes sociais, mas não somente. A produção de artefatos que gerem receita para o profissional. Quanto mais produtos, é provável que mais receita seja gerada.

A potência da Internet possibilita isso com mais intensidade: plataformas que monetizam visualizações de vídeos, de livros (físico, *e-book*), de cursos e jogos on-line, são fontes de receita que o profissional não deve desprezar.

Que outros artefatos podem ser produzidos? São exemplos: cursos, laudos, pareceres, textos, relatórios, traduções, jogos.

[30] GESTÃO EXCELENTE

O profissional deve ser capaz de fazer a gestão de projetos. Dependendo do porte dos projetos de que venha participar, ele pode precisar responsabilizar-se por subprojetos relacionados à sua área de atuação, para fazer as funções de gerência.

Há exigência de capacidade de adotar boas práticas gerenciais, que envolvam (dentre outras) planejamento, condução de experimentos (com utilização de elementos básicos da instrumentação científica e avaliação de resultados), gestão de riscos, medição de tarefas e atividades, gestão de qualidade, gestão de comunicação de resultados de projetos com representação e interpretação de grandezas físicas em diagramas, gráficos e esquemas, gestão de recursos humanos, gestão de tempo.

Considero o domínio dos elementos que compõem este tópico muito importante. Como professor, ao analisar dificuldades em uma área empresarial, tendo a procurar ver se os males não estão na forma como é gerida. Com frequência é o que acontece.

Isso vale para as áreas que representam mazelas do país como Saúde e Educação. Vale para o estado, para o município. Vale também para uma área organizacional qualquer.

Há os simplistas que apontam a carência de recursos como origem de todos os males. Nem sempre é.

Onde há índices internacionais para fazer a comparação, constata-se que os resultados negativos não decorreram de falta de recursos. É o caso da área de Educação.

Se não houver melhor gerência, mais recursos podem ser alocados: os resultados serão os mesmos ou no máximo só um pouquinho melhores. Para citar um exemplo clássico: isto é reconhecido – em governos passados – houve acréscimo de 300% nos recursos na área da Educação. O que aconteceu como resultado desse aporte de recursos? Todos os índices educacionais que se analisem pioraram, provando uma vez mais que não basta alocar mais recursos se, principalmente, não houver melhoria de gestão. Melhor gestão só se consegue com melhores gestores, gestores mais preparados em todos os escalões.

Uma pergunta cuja resposta reforçaria o argumento exposto neste tópico: como se explicam os casos de escolas com excelentes índices de desempenho dos estudantes, mesmo as situadas em regiões mais pobres? O que está por trás desses resultados?

Se forem investigados esses casos, o que se encontra? Boa gestão, o que significa: atuação com os instrumentos da gestão – estabelecimento de prioridades, planejamento, execução dos planos com acompanhamento e controle de resultados, investimento em melhores métodos de trabalho, investimento em preparação do pessoal envolvido, em todas as áreas, comprometimento do pessoal envolvido, avaliação constante dos resultados em busca de melhorar os processos adotados, envolvimento da família dos estudantes, envolvimento da comunidade nas ações da escola.

Diante de resultados negativos em uma dada área, cabe pedir mais recursos à administração central? Cabe sempre. Mas não só isso. Não é suficiente se não houver gestão efetiva, que se traduz por ser eficiente (faz tudo corretamente) e eficaz (atinge os objetivos e os resultados esperados)[32]. Gestão excelente.

[31] LÍNGUA ESTRANGEIRA

O profissional deve comunicar-se bem em língua inglesa. É comum a utilização de fonte disponível em língua inglesa. Da mesma forma ele pode precisar utilizar tecnologia cuja documentação se encontra nessa língua.

Não só na pós-graduação, mas também na graduação, a submissão de artigos para eventos e para periódicos internacionais em qualquer campo de conhecimento é na língua inglesa (é a língua franca).

É inevitável a necessidade de leitura de livros e relatórios técnicos publicados em língua inglesa, o que exige proficiência no idioma nesse quesito. Não só isso: é desejável também a fluência oral para ter chances de participação em eventos e para viajar. Aprendida a primeira língua estrangeira, deve-se prosseguir: aprender logo a segunda – à escolha: chinês, francês, espanhol, italiano.

O que você inclui em seu Curriculum Vitae como curso feito ou experiência tida ninguém pode mais retirar.

[32] MOTIVAÇÃO

Neste tópico vamos abordar a motivação para o trabalho e para o estudo. Em ambos os casos, a motivação é para que o objetivo seja alcançado plenamente. No caso do trabalho, que ele seja executado em menos tempo, com menor utilização de recursos, com a qualidade desejada. No caso do estudo, que ocorra a aprendizagem por parte do aprendiz do tema ensinado.

Uma capacidade necessária ao gerente: motivar seu pessoal, para que todos dediquem empenho máximo na execução das tarefas que lhes cabem. O gerente precisa saber como fazer isso. Para cada pessoa há a abordagem que lhe é mais adequada.

Com respeito à aprendizagem, é preciso também motivar para que o objetivo seja alcançado. Nada funciona se o estudante não quer aprender. E ninguém pode aprender por ele. Por isso, é preciso motivá-lo para que se interesse pelo assunto tratado. O objetivo é fazer com que o estudante aprenda o que precisa aprender.

Tudo começa com a criação de ambiente favorável à aprendizagem, em que o próprio professor esteja motivado a fazer bem o seu trabalho. Sem esforço do estudante não há aprendizagem. Para haver esforço é necessário haver interesse. Ninguém se esforça sem motivo, sem reconhecer importância em mobilizar esse esforço. Aí está identificado o espaço de atuação do professor – tornar clara a importância do que precisa ser aprendido – para conseguir a contrapartida do estudante – o esforço que ele aplica ao estudo. Ou seja, para conseguir que ele crie estímulos para si mesmo.

Existe relacionamento mútuo entre aprendizagem e motivação. Se o estudante está motivado para aprender, há mais chance de ocorrer aprendizagem; quanto mais ele aprende, mais motivado ele fica em aprender[34].

A despeito disso, é preciso dizer que os saberes da Pedagogia e da Didática, em particular, não podem oferecer aos docentes respostas precisas acerca de "como-fazer". Em situações reais de prática docente (quem tem alguma experiência sabe disso), o professor precisa tomar decisões e definir estratégias de ação em atividade, sem poder recorrer a "saber-fazer" que garanta certeza no controle da situação[33].

No trabalho, para contar com o empenho do colaborador no cumprimento de suas tarefas, é preciso motivá-lo de alguma forma. Isso pode ser feito com: ambiente agradável de trabalho, treinamento frequente, participação em resultados diretos que ele produz para a empresa, gratificações ou comissões, lotes de ações (empresa com ações em bolsa). Dependendo do tipo de organização (pública ou privada), há formas de motivação que são aplicáveis.

[33] IMPORTÂNCIA DA DIDÁTICA

Pedagogia é a ciência cujo objeto de estudo é a Educação. Isso compreende todas as atividades relacionadas ao processo de ensino e ao processo de aprendizagem.

A Didática é uma disciplina técnica da Pedagogia, cujo objetivo é o estudo dos processos de ensino e de aprendizagem em sua globalidade, independentemente da disciplina em questão (Computação, Matemática, Física, por exemplo). Didática, de forma sintética, é a técnica de ensinar[15].

A Didática refere-se ao conjunto de métodos e técnicas de ensino para a aprendizagem[35].

O ensino envolve vários elementos indispensáveis: o estudante, o professor, o conteúdo a ensinar, a estratégia de ensino empregada, o objetivo de aprendizagem.

Com outras palavras, a Didática estuda as técnicas de ensino considerando todos os seus aspectos práticos e operacionais. Ela busca identificar elementos da atividade de ensino executadas pelo professor que repercutem na aprendizagem do aluno; da mesma forma, leva em conta a dimensão epistemológica dos conceitos constantes dos tópicos abordados no ensino, de modo que os objetivos de aprendizagem sejam alcançados[15].

Como a Didática envolve o estudo dos processos de ensino e de aprendizagem em toda a sua abrangência, pode-se considerar duas perspectivas para análise: centrada no professor – que ação didática ele aplicará sobre o assunto a ser ensinado, sensível ao aluno com que trabalhará; e centrada no aluno – que ação didática o professor aplicará para avaliar se o que foi ensinado efetivamente foi aprendido. Quando o aluno consegue explicar o que aprendeu, com essa ação ele demonstra que realmente houve aprendizado.

[34] AMIZADE

Não se pode esperar que uma pessoa que alcance posição de destaque por seus méritos se previna de bajuladores com o tratado de Plutarco, historiador e filósofo grego (46 d.C.-120 d.C.), cujo título é "Como distinguir um adulador de um amigo". Nem todos são afeitos à leitura de obras de filósofos.

Plutarco reconhecia a perniciosidade da figura do amigo que se traveste de adulador. Porém, ele também não via inocência na vítima do adulador (claro, é o adulado), ao não perceber os sinais da adulação para rechaçá-la, devido à fraqueza de caráter e à falta de virtude.

A nocividade do adulador aflora. Segundo Plutarco, ele está sempre pronto para realçar a fragilidade de caráter do adulado. De que forma ele faz isso? Não contrariando o adulado, não o alertando de perigos iminentes, de descuidos, de negligências ou de malfeitos que possa ter cometido, venha perpetrando ou pretenda levar a efeito.

Para não contrariar o amigo, o adulador acaba por anular as características mais valiosas da amizade – a alteridade (a visão de outra perspectiva – no caso, a visão do amigo) e a consciência respectiva.

O amigo agiria de maneira diferente: sua lealdade não permitiria o tolhimento de expor seu olhar crítico, por mais que trouxesse contrariedade. A amizade pressupõe lealdade, mas não admite servilismo; havendo subserviência, está aberto o caminho para a adulação.

Segundo Plutarco, o adulador ainda leva ao seguinte perigo: como ele tudo faz para agradar, e luta pela ocupação de espaços perante o adulado, leva a que os verdadeiros amigos – que poderiam protegê-lo – se afastem, incomodados.

[34.1] TER MUITOS AMIGOS

No tratado intitulado "Acerca do número excessivo de amigos", Plutarco vê como negativo dispor de número grande de amigos. Suas razões para semelhante avaliação? Quem pensa em desdobrar-se em atendimentos das demandas de tantos amigos não conseguirá manter relacionamento genuíno de amizade; a superficialidade vai prevalecer. Segundo Plutarco, serão relações irrelevantes, superficiais – que nada têm de amizade.

Plutarco diz que, em caso de possível desventura por que passe a pessoa com grande círculo de amigos, ela vai perceber que, no fim, não tem com quem contar pela fragilidade dos laços: escassas pessoas se sentirão comprometidas com ela no seu infortúnio; é como se houvesse debandada dos que constam da lista de pretensos amigos, por não se sentirem suficientemente envolvidos.

As relações das redes sociais têm este caráter – superficialidade, nenhum compromisso entre as partes. Nada justifica chamar de amigo alguém com quem você não convive na vida real, e o faz somente no plano abstrato das redes sociais. Falta palavra ainda para esta condição, pois "amigo" não é.

[35] REDE SOCIAL

Lendo as manifestações nas redes sociais para quem se dispõe a utilizar este canal de comunicação, em especial políticos, somos levados a concordar com Umberto Eco, escritor e filósofo italiano (1932-2016).

Em discurso na Universidade de Turim no dia 10/6/2015, quando recebeu título de *doutor honoris causa*, ele disse que as redes sociais deram direito à palavra a uma "legião de imbecis" que antes não prejudicavam a coletividade com sua manifestação. Garimpam-se, aqui e ali, uma opinião sensata, uma crítica fundamentada, uma contribuição real. Predominam, no entanto, a cretinice, a crítica sem fundamento, os argumentos toscos, o mau gosto.

Que fazer? Retrucar? Perda de tempo! Extrair a crítica meritória, a sugestão enriquecedora. Ignorar o restante.

[36] CAPACIDADE DE CONCENTRAÇÃO

Alguém já calculou a quantidade de tempo perdido no trabalho por causa do celular?

Alguém já calculou a quantidade de tempo que se perde hoje diariamente com uso de celular?

A tecnologia possibilita avanço à humanidade. Depois da segunda metade do século XIX, as casas europeias começaram a utilizar a eletricidade. Em 1881, foi inaugurada a primeira iluminação externa pública do Brasil, na atual Praça da República – São Paulo. Para ficar neste exemplo: imagine-se o que a eletricidade trouxe com a extensão das horas de trabalho e de estudo. E tudo o mais que ela possibilitou desencadear. Quanto trabalho realizado nas noites e quantas descobertas feitas com as horas adicionais possibilitadas com a luz artificial! Não podemos ignorar, porém, que a tecnologia não tem caráter: pode ser usada para o bem e para o mal. Razão por que devemos sempre realçar o mau uso que se pode fazer da tecnologia. Por isso, as investigações sugeridas acima podem pôr luz sobre o fenômeno da disseminação dos smartphones – até aonde pode ir o bom uso, quando passa a mau uso, quando passa a ser prejudicial.

[37] PERGUNTAR, PERGUNTAR, PERGUNTAR...

Perguntando, chegamos ao ponto. A pergunta incomoda, ou pode embutir ou mostrar o que há de errado em algo.

Portanto, é bom aprender a fazer perguntas. É um bom exercício para a sala de aula: praticar a formulação de perguntas.

Analise as cinco perguntas seguintes. Elas questionam, mas já dando a resposta.

[1] Há alguma dúvida de que, para uma instituição de ensino realizar sua "missão" e aproximar-se da concretização de sua "visão do futuro", é necessário comprometimento de todos os profissionais que atuam em todas as instâncias organizacionais?

[2] Há alguma dúvida a respeito da inutilidade da "missão" e da "visão do futuro" que ficam afixadas na parede e registradas no plano estratégico institucional, sem que alguém cuide cotidianamente para que elas se tornem realidade, por meio de acompanhamento e controle das instâncias inferiores? [3] Apenas formular a "missão" e a "visão do futuro" é suficiente para realizar uma e outra?

A seguir, mais duas perguntas para reafirmar a importância de perguntar, nesse caso sobre planejamento, acompanhamento e controle:

[4] É racional esperar que ocorram melhorias institucionais deixando que cada profissional faça o seu trabalho do jeito que lhe aprouver, sem articulação e coordenação dos trabalhos e sem compromisso com o alcance de metas e resultados predeterminados?

[5] É razoável que o professor trabalhe isoladamente, sem que alguém o ouça a respeito de demandas, e sem que alguém analise seus resultados?

A resposta é não para as cinco perguntas enfileiradas acima. É necessário fazer planejamento estratégico, e dar consequência a ele por meio de acompanhamento e controle nas várias instâncias organizacionais, até chegar ao professor.

[38] ELEVAR AS EXPECTATIVAS

Com frequência, os alunos reclamam que estão sobrecarregados de tarefas das várias disciplinas que cursam e, por isso, não podem assumir novas incumbências. Isso visa fazer com que o professor não lhes dê mais nenhum trabalho. Vale a afirmação também no ambiente de trabalho. Os subordinados encontram-se muitas vezes sobrecarregados de tarefas. Como resolver a questão?

No ambiente educacional, se o planejamento de cada disciplina for apresentado logo no início (como o contrato didático da pedagogia francesa), isso fica atenuado, pois eles podem fazer seu cronograma de atividades e, com ele, controlar seus "deadlines" (datas-limite).

É inconcebível, mas há professor que não planeja minuciosamente cada uma de suas disciplinas, desde o início, com o ensino de tudo o que consta da ementa, e levando em conta como pretende alcançar os objetivos propostos. E, depois, verifique as melhorias que precisam ser feitas para a próxima oferta da disciplina.

Salman Khan[36] (engenheiro e matemático norte-americano, fundador da *Khan Academy*, plataforma on-line de educação livre) e Doug Lemov[38] (professor e escritor norte-americano) reforçam que devemos elevar o sarrafo das expectativas de aprendizagem. Khan, por exemplo, acha inaceitável que um estudante obtenha 75% a 80% em uma avaliação e se dê por satisfeito com o resultado. Se isso acontecer, com o acompanhamento do professor, o aluno deve persistir até conseguir

100%. Khan alega que, mesmo os 100%, não são garantia de que tenha ficado tudo compreendido devidamente, pois isso pode ter sido mascarado pela avaliação.

No ambiente de trabalho também é possível elevar as expectativas, com desafios para os colaboradores, mas, sem esquecer-se de premiá-los no final pelas conquistas de alguma forma. Seja pelo alcance de metas, seja pelo comprometimento de todos com os resultados obtidos.

Alerta final: o gerente não deve jamais lançar premiação que não consiga concretizar depois que os resultados forem alcançados pela equipe. Parece incrível, mas há gerentes que recorrem a esse expediente como forma de atingir suas metas. É óbvio que sua liderança fica prejudicada: quem acreditará no próximo desafio que ele lançar?

[39] AUDÁCIA, OUSADIA

É o destemor de dispor-se a realizar algo significativo, sabendo que se defrontará com obstáculos, mas, mesmo assim, dispõe-se a enfrentá-los e superá-los, seja de que forma for, valendo-se de conhecimento, sabedoria, técnica e determinação.

É próprio de pessoas audazes, ousadas, opor-se ao que está estabelecido e, apoiado em intuição, empirismo e racionalismo, edificar uma nova ordem das coisas (um novo serviço, uma nova tecnologia).

Mais comum é o medo pelo trabalho exigido para a nova edificação, é a acomodação, própria dos perdedores.

[40] PROGRESSIVIDADE

Uma das características mais importantes que precisa ser destacada para alcançar objetivos vultosos é o reconhecimento de que se chega lá com pequenos passos diários. A gestão de projetos já nos diz isso: os projetos, de quaisquer portes, são elaborados progressivamente. Com frequência, parte-se de definição bastante abrangente do alvo no início, e detalhes vão sendo agregados à medida que o projeto avança. Por conseguinte, tudo que realizamos de significativo – que comporte a designação de projeto – é desenvolvido com base nessa concepção simples.

Isso tudo é a propósito de obras que vejo serem erigidas no meu caminho matinal de pedestre. Até parece que dada obra não avançou de um dia para o outro, mas houve. E assim foi progressivamente, dia após dia. Até o arremate final.

O trabalho literário se faz da mesma maneira. Não é de uma sentada que um livro nasce. São muitos os passos, desde a ideia inicial. Às vezes, leva anos para a conclusão.

O meu processo particular de criação começa, não poderia ser diferente, com uma ideia central. Daí parto para a produção do sumário, em que disponho os segmentos que permitem chegar à ideia concebida. Nem sempre me convenço de ter feito o melhor que posso quando obtenho a primeira versão. Aí deixo em quarentena para decantação. Enquanto vivo a vida que tenho para viver, esse processo encontra-se em curso. Inesperadamente, surge alguma ideia que me faz agora julgar que aquele artefato pode ser aprimorado ou complementado, e ter seu desdobramento produzido.

Esse é em suma meu método de criação. Leva em conta a progressividade: ações incrementais, diárias, executadas e avaliadas continuamente determinam o que é para fazer a cada dia. Em algum momento decido que é hora do ponto final. E parto para outro trabalho com a expectativa de, quem sabe, construir um legado.

[41] GRATIDÃO

Este é o sentimento dos grandes homens e das grandes mulheres. O costumeiro é o esquecimento de que muitos contribuíram para a realização de algo.

Avançamos grande parte das vezes só por causa da colaboração de muitos dos que estão à nossa volta. Infeliz de quem não tem essa percepção.

Uma trajetória de sucesso se faz com o empenho de anônimos, de quem está à margem, às vezes. Por isso, o certo é compartilhar sempre o sucesso, qualquer sucesso. Mas esse sentimento é escasso em grande parte das pessoas. Julgo superiores aqueles que costumam externar gratidão: são pessoas plenas. Percebem que não há trabalho relevante feito de forma isolada, que um projeto de sucesso se faz normalmente com a participação de muitos, alguns completamente anônimos. Esse envolvimento de terceiros precisa ser reconhecido. Daí a necessidade de se expressar gratidão a quem merece.

[42] CONTINGÊNCIA

Contingência é uma eventualidade, um evento incerto, duvidoso, que pode ou não acontecer. No âmbito de uma organização, um plano de contingências define os tipos de riscos e de ameaças a que ela está sujeita, e a definição de formas de corrigir e recuperar-se de cada ocorrência. No âmbito da orçamentação, consiste em provisionar recursos para tratar eventos inesperados, indesejáveis. 10% a 20% dos recursos são reservados para tratar eventos imprevistos ou, mesmo, para cobrir eventuais falhas na estimativa de recursos ou quaisquer problemas inesperados. No plano pessoal, o objetivo é manter uma reserva em dinheiro para despesas inesperadas, como uma doença, um acidente, etc. A reserva deve ser mantida em aplicação de resgate imediato (como uma conta de poupança, no caso pessoal) para ser usada em emergência. Isso evita que o profissional tenha que recorrer a empréstimo com amigos, com familiares ou com bancos.

[43] AVALIANDO RISCOS

Risco é um evento ou uma condição não planejada, que pode ter efeito negativo sobre o sucesso de um projeto ou de algo a realizar. Durante o planejamento, é necessário pensar nos fatores que podem prejudicar o projeto.

A gestão de riscos encarrega-se disso. Envolve as seis seguintes tarefas: [1] planejamento do gerenciamento de riscos; [2] identificação de riscos; [3] análise qualitativa de riscos; [4] análise quantitativa de riscos; [5] planejamento de resposta aos riscos; [6] monitoramento e controle de riscos.

Ou seja, a gestão de riscos envolve a identificação dos riscos que comprometam o alcance dos objetivos do projeto, a análise e a classificação desses riscos e a determinação de ações com o fim de mitigá-los (atenuá-los) ou eliminá-los[37].

A identificação do risco consiste em apontar o que, com sua presença, pode afetar o projeto. Esse é um processo iterativo. Deve-se aplicar uma visão de 360° (isto é, um olhar de todos os ângulos possíveis para não deixar escapar nenhum risco sobre o projeto ou sobre o que se vai realizar). Durante as etapas de acompanhamento e controle do projeto, os riscos identificados são avaliados: confirmaram-se? É necessária alguma ação corretiva? Riscos porventura não identificados no planejamento apareceram? Como devem ser tratados?

Os riscos podem ser técnicos, de qualidade ou de desempenho. Riscos do próprio gerenciamento de projetos: falhas de gestão, alocação malsucedida de tempo, recursos e prazos (aquém ou além do necessário), resultados inaceitáveis de trabalho (baixa qualidade pode exigir que haja retrabalho). Como exemplos de riscos organizacionais podem ser citados: expectativas irreais de custo, de tempo e de escopo; falha no estabelecimento de prioridades; recursos insuficientes; problemas relacionados à formação da equipe – com predominância de profissionais sem experiência em atuar em projeto de tal porte. Há riscos externos ao projeto, como os riscos legais, os relacionados à equipe do projeto e mudança na prioridade atribuída pela organização[37].

[44] AVALIANDO CUSTOS E BENEFÍCIOS

Investimentos exigem análise de custos e benefícios. Os benefícios trazidos por uma aquisição justificam os custos. É o caso de providenciar tal estudo antes de adquirir dada tecnologia. Contatos com usuários (e não somente se valer da informação de vendedores ou de prospectos) são necessários para decidir a contratação do serviço ou a aquisição do produto.

Esta é uma ferramenta útil para nortear a tomada de decisão.

[45] NÃO HÁ ALMOÇO GRÁTIS

Se o serviço ou o produto é gratuito, há algo errado. O profissional deve acautelar-se. Pode ocorrer de o produto ser o próprio usuário, como é o caso das redes sociais. Ou o ônus que parecia inexistente é pesado e ainda não foi apresentado.

Portanto, cautela com o que dão de graça. Bônus sem ônus? Não existe. Suspeite antes de decidir aceitar.

[46] OBEDIÊNCIA ÀS LEIS

Irrestrita obediência à lei: essa é a forma de evitar infrações, multas, condenações e, mesmo, de estar sujeito ao pagamento de propinas. Vale para legislação municipal, estadual e federal. Não adianta levar vantagem nesse quesito. Os riscos envolvidos não justificam esse tipo de ação.

Ao mesmo tempo, cumprindo as leis, os regulamentos, são evitadas multas, penalidades, ação de agentes corruptos e corruptores.

Não ficar à margem das leis: vale como preceito de inteligência e sabedoria.

[47] CAPACIDADE DE COMUNICAÇÃO

90% do tempo de um gerente na condução de um projeto: essa é a fatia destinada às atividades de comunicação. Ser claro na mensagem que deseja passar a seus subordinados é ponto de partida. Sem ouvi-los, não há certeza de que houve entendimento do que lhes foi passado. A dificuldade é a mesma por que passa o engenheiro de software que se vale do que lhe informa o especialista na área de conhecimento para a qual um software vai ser desenvolvido.

A respeito desse problema, Roger S. Pressman[38], autor do livro "Engenharia de Software", reproduz o que um "stakeholder" (interessado) disse para o engenheiro de software (talvez seja necessário ler mais de uma vez para alcançar a abrangência e a profundidade do que é dito):

– *Eu sei que você acredita que entendeu o que pensa que eu disse, mas não estou certo de que você reconhece que o que você ouviu não é o que eu quis dizer.*

Moral da História: Os livros do PMI (*Project Management Institute*) citam que 90% do tempo do gerente são consumidos comunicando-se, seja com patrocinadores, seja com clientes, seja com membros de sua equipe. O reforço feito aqui é para que haja o convencimento da importância do papel de comunicador que o gerente deve desempenhar para ter sucesso no seu trabalho. Omitir-se dessa função provavelmente lhe acarretará problemas com os resultados dos projetos sob sua responsabilidade. A dificuldade de comunicação está presente em todas as áreas de atuação. Pense na anamnese feita com o paciente pelos profissionais de saúde como ponto de partida para diagnóstico de uma doença, e no problema decorrente de falha de comunicação nesse processo. Desse modo, fica o reforço para o leitor: capacite-se para ser um bom comunicador.

[48] NÃO ADIAR O QUE PODE SER FEITO HOJE

– A diferença entre fazer e não fazer está em uma só coisa: adiar ou não adiar.

O objetivo deste tópico é destacar a importância de não adiar o que precisa ser feito, não procrastinar. Há quem chame de "síndrome do estudante": a ação de adiar o que precisa ser feito. Evite!

[48.1] GURU

Reproduzo abaixo e-mail enviado a um ex-aluno como resposta a inquietações que ele me apresentou a respeito de encontrar um caminho para a vida, para aumentar a produtividade e aproveitar o tempo para fazer coisas importantes.

– Eu fiz a pergunta, mas já sabia a tua resposta. Agora pondera o que vou dizer (não tenho dúvida de que vais confirmar isso quando tiveres uns 40 anos): se eu pudesse recuar no tempo uns 30 anos, eu iria para cima para fazer a meia dúzia de coisas que eu julgasse importante. Ou seja, não as adiaria. Passei a agir assim só depois que completei 50 anos. Sugiro que não faças como eu fiz porque o arrependimento virá e talvez não dê mais para fazer.

Creio que não vais considerar isso por comodismo (ou por outro motivo qualquer). É um erro. Só o tempo te dará a resposta. Eu estou antecipando essa resposta. Pensa nisso!

Para citar um exemplo: quando te ofereci os livros de poesia, e falaste que querias um só, pois não tinhas tempo, vi logo que não ias fazer poesia nenhuma, nem melhorarias tua escrita como poeta.

Fulano, eu não sou guru (*), mas já sei algumas respostas. Como sei? Inteligência somada com a tal da experiência.

(*) - Um aluno me chamou de guru outro dia porque já tenho algumas respostas prontas; eu disse para ele: "Menos! Menos!".

Vou acrescentar o seguinte: duas frases que não são minhas - concordo com elas; a primeira nem sei o autor, li em algum lugar:

[1] "Tempo é questão de preferência". Ou seja, sempre há tempo. Afinal, em um dia (24 horas) temos 86400 segundos. Para fazer certas coisas (trabalho intelectual) não precisamos de tantos segundos assim. Como não há tempo?

[2] A segunda frase é do filósofo espanhol Ortega y Gasset: ele define o homem assim - "o homem é o homem e suas circunstâncias". As nossas circunstâncias nos definem. Cada um tem as suas circunstâncias, e age pautado por elas. As circunstâncias da pessoa não podem ser ignoradas. Justificam o homem e suas atitudes.

Conclusão: a primeira frase prova que há tempo; a segunda justifica o que fiz e o que não fiz com o meu tempo.

Tudo se faz com progressividade (está no tópico 39 – é o que aprendemos em gestão de projetos); vamos fazendo aos poucos; sabemos o que precisamos fazer, e vamos fazendo um pouco cada dia. Um belo dia termina. E ficou pronto, ninguém tira mais da gente. Seja lá o que for que tenhamos feito.

Para concluir e refletir. Estou fechando dois livros hoje: "Elementos de Didática do Ensino Superior" e "Elementos de Didática de Medicina Veterinária". Quando eu puser hoje o ponto final nos dois, ninguém me tira mais esse feito. Vai para meu curriculum Lattes, para a plataforma de venda da Amazon e para a nuvem (como garantia para que não se perca). É isso! Não adia nada. Só em último caso!

[49] PRIORIDADES

Como há sempre carência de recursos para dar conta de todas as nossas necessidades pessoais e também para os investimentos nas organizações, é necessário estabelecer prioridades de atendimento ou de aplicação dos recursos disponíveis. Estabelecer prioridade é tarefa muito importante: significa deixar itens de lado, para depois, e aplicar recursos em outros. Se se trata da vida de um casal, é para os dois decidirem o que é prioritário. Nas empresas, não deve prevalecer a posição do gerente mais influente para determinar a prioridade e, sim, o interesse da organização.

[50] PRINCÍPIO DA INCOMPETÊNCIA DE PETER

Este princípio foi formulado por Laurence J. Peter (1953-), psicólogo e professor canadense:
— *Em uma estrutura hierárquica, todo empregado tende a subir até seu nível de incompetência.*

A lógica do Princípio de Peter é a seguinte: por destacar-se em dada função, o profissional é designado para posição superior, ou seja, ele é promovido. Só que é possível que ele não reúna as habilidades necessárias à nova função. Se for o caso, ele terá atingido seu nível de incompetência. O trabalho será realizado pelos que ainda não atingiram seu nível de incompetência — os que estão abaixo da sua posição.

Observa-se o Princípio de Peter em ação quando, por exemplo, um excelente técnico é posto em função gerencial, como prêmio, mas sem dispor das habilidades requeridas à nova posição, como liderança, capacidade de comunicação, capacidade de resolução de conflitos, dentre outras. Perdeu-se um excelente técnico, ganhou-se um gerente incompetente.

[51] AVALIANDO DESEMPENHO

Jack Welch, executivo e professor norte-americano (1935-2020), foi presidente executivo da General Electric americana. Sua forma de manter o desempenho dos empregados, inibindo a acomodação: adotava a regra meritocrática 20-70-10. Depois da avaliação regular de desempenho dos empregados, os que ficavam entre os 20% melhores, eram premiados. Os que ficavam entre os 70% nos resultados eram mantidos pela empresa. Os 10% de pior desempenho eram demitidos.

Dentre as lições de Welch para seus empregados, considere as seis seguintes: [1] Cada empregado deve procurar fazer mais do que se espera dele; [2] Procurar inovar sempre; [3] Aprender continuamente; [4] Prezar os valores organizacionais; [5] Simplificar seus procedimentos; [6] Fazer suas tarefas rapidamente e com qualidade.

[52] ALERTA DE MAQUIAVEL

A frase abaixo, em itálico, de Nicolau Maquiavel, historiador e escritor italiano (1469-1527), aplica-se ao trabalho do profissional de tecnologia, tanto com relação à repercussão da mudança proposta quanto com respeito às barreiras a serem enfrentadas até que a mudança efetuada se estabilize.

Em todas as ocasiões em que o propósito seja implantar nova tecnologia, espera-se, confrontando custos e benefícios, que ela mude para melhor um negócio ou uma área da organização (se isso não acontecer, ela deve ser desativada).

Mas será necessário enfrentar o *status quo* (locução latina cujo significado é "o estado das coisas") e tudo o mais que está apegado a ele. Note que Maquiavel prevê os obstáculos que se tem à frente. Ele não esqueceu os que serão beneficiados com a mudança. Não se deve contar com eles. Nada ou pouco farão pelo novo, apesar da presunção de serem beneficiados. Implícito na frase de Maquiavel para o agente da mudança: vire-se sozinho!

– *Nada é mais difícil de realizar, nada é mais incerto para se ter sucesso do que quando se toma a iniciativa para implantar uma mudança, pois, o inovador terá como inimigos todos os que se davam bem debaixo das velhas condições, e defensores sem entusiasmo naqueles que podem dar-se bem debaixo das novas.*

[53] EFEITO "DEADLINE"

Comprova-se facilmente o seguinte: quando se avizinha a data de entrega de um resultado pelo membro de equipe, ocorre aumento do tempo de sua dedicação à tarefa em questão.

É o "efeito deadline" ("efeito data-limite") em ação. Há natural relaxamento enquanto a data de entrega estiver distante. Quando ela se aproxima, passa a haver maior dedicação à sua execução. Essa é a razão por que gerentes determinam prazos mais curtos para tarefas a cargo de seus liderados. Porém, não podemos desconsiderar os efeitos psicológicos associados à questão: alocar prazo mais curto para dada tarefa do que o que seja aceitável (do que seja possível concretizar) acarreta efeito perverso: coloca o subordinado em pressão. É intolerável quando isso é frequente. Ninguém aguenta viver continuamente sob pressão. Pode ser que ele não seja resiliente a essa situação.

Alocar prazos curtos é a atitude dos gerentes que optam pela microgerência (diz-se de controlar o que é produzido pelo subordinado em um ou dois dias de trabalho). Haverá aumento de produtividade, inevitavelmente. O preço pago por isso: membros estressados, pressionados. Ninguém suporta muito tempo esse tipo de ambiente.

Particularmente, prefiro negociar os prazos de entrega de resultados com os subordinados. Procuro manter dados históricos de projetos passados como referência; peço que o subordinado informe o prazo em que consegue dar conta da tarefa. Com essa informação obtida, confronto com a minha informação pessoal ou com os dados históricos disponíveis e comprováveis. Se ele superestimar o tempo, tenho como contraditá-lo. Se ele subestimar o tempo, quando confrontado com os dados disponíveis, talvez não esteja se dando conta da complexidade envolvida; aí eu o alertaria para os riscos envolvidos na tarefa e atribuiria prazo maior que o sugerido por ele.

Portanto, parece-me mais apropriado que a alocação de tempo seja resultante de negociação entre gerente e executor do que de simples atribuição do gestor.

[54] CAPITAL HUMANO

O capital humano é o nível de qualificação de um povo. A qualidade do seu capital humano explica o atraso do Brasil. Como superar? Investimento pesado em educação. Investir não só recursos financeiros, nem só incentivar a "pedagogia do concreto" (a construção de escolas), mas buscar a melhoria da qualidade da educação. De que forma? Incentivar a qualificação de professores, adotar boas práticas gerenciais, atrair melhores profissionais por meio de melhoria da remuneração para a área educacional, acabar com a estabilidade no emprego (para acabar com a acomodação), aplicar meritocracia para renovação dos contratos de trabalho e para atribuição de gratificações.

Os países que atingiram nível de excelência em educação fazem isso. Faz sentido manter práticas que, comprovadamente, não funcionam?

[55] VOLUNTARISMO NÃO DÁ

A área de negócios não admite repetição de erros. Às vezes, nem há mesmo chance para repetição. A falência pode vir antes.

Certas decisões, pela sua importância, exigem assessoria capacitada. Assinatura de contratos, em especial, impõe assessor jurídico capaz para olhar as entrelinhas, as garantias, o que está subentendido nas cláusulas. Depois que o especialista da área se manifestou, impõe-se reflexão a respeito de suas palavras, muita reflexão, para a decisão final.

Há aproveitadores – oportunistas – hábeis em induzi-lo a erro, despertando-lhe ganância – que leva à irracionalidade, a decisões erradas. Exatamente da mesma forma como fazem os estelionatários no plano pessoal.

Moral da História: É certo que a vontade é importante para levar à realização de algo, mas não é suficiente. São necessários atributos que talvez o voluntarioso não possua. Observe que usei o plural, pois não há um que, sozinho, garanta o resultado.

[56] A QUESTÃO DO EMPREGO

Se há um assunto que deveria ser objeto de atenção de todas as instâncias de governo, esse é o emprego, ou a falta de. E, sobretudo, a tendência apontada pelos avanços tecnológicos é de mais redução e até mesmo eliminação de muitas ocupações. Esse assunto foi abordado no tópico 6 ("Gig Economy")

Vejo no jornal artigo de Celso Ming em que ele aborda a questão, referindo o longa-metragem "American Factory" ("Indústria Americana"), produzido pelo casal Obama, vencedor do Oscar 2020, que mostra contrastes entre as culturas americana e chinesa. O filme inicia com a desativação de uma fábrica da GM em Ohio, jogando 2,4 mil trabalhadores no desemprego. Passados seis anos, a planta é comprada pela empresa chinesa Fuyao para produzir peças de vidro para veículos. Alento, pois muitos reconquistariam seus empregos. Mas não demorou a reinstalar-se a frustração, pois a fábrica não conseguia entregar o lucro esperado pelo investidor chinês. Razões: perda de material, têmpera adequada do vidro não é atingida, operário americano cobra direitos demais, não se adapta à exigência de dedicação e disciplina. Grupo de americanos visita a matriz na China e, perplexo, constata o nível de comprometimento do operário chinês com o trabalho e a empresa.

Ming cita no artigo que não há como parar o processo de automação, a indústria 4.0 (a quarta revolução industrial – a automação da manufatura), o avanço da área de Inteligência Artificial, a utilização da impressora 3D, o uso extensivo de aplicativos. Ele cita também os algoritmos.

Como profissional de computação desde 1975, acompanhei os desenvolvimentos da área desde a época dos computadores mainframe, passando pelos microcomputadores, até o estágio atual caracterizado pela mobilidade e comunicação total. Em muitas ocasiões, com o desenvolvimento e a implantação de sistemas de automação empresarial, vivenciei situações em que sabia que algumas pessoas, designadas para me repassar informações sobre sua área, seriam afetadas pelo meu trabalho. Ou seja, perderiam seu trabalho.

Por fim, a própria área de computação provou o mesmo veneno. Os avanços ocorridos nas áreas de hardware e software fizeram com que diminuíssem os espaços do próprio profissional de computação. As empresas de médio e grande porte que dispunham de equipe própria de desenvolvimento de software hoje raramente as mantêm; quando muito, dispõem de pequeno grupo encarregado de administrar os contratos de terceirização. E muito do trabalho realizado utiliza computação em nuvem, em algumas de suas muitas opções de serviço, com preço estabelecido de acordo com os recursos efetivamente usados pelo contratante.

[57] ATUALIZAÇÃO TECNOLÓGICA

As organizações atuais estão sujeitas a pressões decorrentes de fatores ambientais, organizacionais e tecnológicos. Os fatores ambientais são a concorrência instalada ou por se instalar no mercado em que a empresa atua e as mudanças de legislação com impacto no modelo de negócios da organização. Os fatores organizacionais têm relação com a necessidade de enxugamento da estrutura ou, ao contrário, de ampliação em decorrência de novas linhas de produtos ou de serviços, assim como a racionalização de processos e sua automação. As pressões por conta de fatores tecnológicos incluem a obsolescência de equipamentos e a necessidade de atualização tecnológica.

A atualização tecnológica impõe-se como fator estratégico, de modo a permitir que os modelos de negócios funcionem de maneira mais ágil, mais inteligente, de forma integrada, precisa, assegurando maior acessibilidade aos clientes, com custos mais baixos.

Trazendo para o plano pessoal: o profissional precisa manter-se atualizado tecnologicamente, como forma de manter sua empregabilidade. A empregabilidade é o conjunto de habilidades técnicas e comportamentais que possibilitam que uma pessoa consiga um emprego ou manter-se empregado.

Para manter-se atualizado tecnologicamente, o profissional precisa ter capacidade de aprendizagem rápida (para assimilar as novas tecnologias) e autonomia (capacidade de exercitar o "aprender a aprender", ou seja, esteja habilitada para o autoaprendizado).

[58] COMO FAZER AMIGOS E INFLUENCIAR PESSOAS

Não sei se deixado intencionalmente em um banco da Praça Batista Campos (em Belém/Pará), – algumas pessoas fazem assim para desfazer-se de livros – achei *Como fazer amigos e influenciar pessoas*, de Dale Carnegie, em 43ª edição, de 1993, da Editora Nacional.

Alguns dirão que é autoajuda. Não me importei com o rótulo. Li uma, duas, três vezes.

Em mais de uma situação recomendei que colegas lessem para adquirir habilidade de conversar e de evitar conflitos.

Por fim, na última ocasião em que percebi que um estudante poderia beneficiar-se, lhe passei o exemplar, sugerindo que, depois da leitura, fizesse o mesmo com alguém.

[59] IMPORTÂNCIA DO PONTO FINAL

Colega professor pede licença de sua instituição de ensino superior (IES) instalada em um dos municípios do Pará para fazer mestrado em Belém, na UFPA. É autorizado. Faz o curso. Porém, o período de licença é encerrado sem que a defesa da dissertação fosse realizada. Ele teve que reassumir sua função na instituição de origem sem a defesa.

Enfrentando dificuldades pelo acúmulo de aulas com a finalização da dissertação, mesmo assim a concluiu. A defesa do mestrado foi marcada em Belém. Fez a defesa, mas a ata emitida no fim da sessão apontava que havia ajustes a fazer no texto aprovado.

Sem dar atenção para o fechamento necessário para fazer jus ao título de mestre, ele conseguiu inscrever-se logo em seguida em doutorado fora do estado. Por essa época amargou o peso de separação da mulher depois de bom tempo de união. Conseguiu nova liberação da instituição, já incorporando a gratificação do mestrado na remuneração com a ata da defesa da dissertação que anexou à sua solicitação; a ata apontava concessão do título de mestre, mas a condicionava à entrega de exemplar do texto com os ajustes pedidos pela banca examinadora.

Enquanto ele fazia os créditos do doutorado na IES fora do estado, a coordenação do curso de mestrado passou a cobrar-lhe a entrega do texto final, com os ajustes pedidos pela banca. Por falha de comunicação, ou por desleixo do professor, a solicitação não foi atendida. Por consequência, ficou registrado no colegiado do curso a não concessão do título em decorrência de os requisitos não terem sido cumpridos (no caso, a entrega da dissertação com os ajustes pedidos pela banca examinadora).

Pronta a tese de doutorado para a defesa, a universidade requisita que ele apresente o título de mestre; ele havia apresentado na inscrição do doutorado a ata que lhe havia sido entregue na defesa em Belém. A IES promotora do doutorado exigiu o diploma de mestre para marcar a defesa da tese.

Só então o professor vai atrás de pedir seu diploma. É informado que não fez jus ao título, pois não entregou o texto da dissertação em tempo hábil.

Por esse tempo, já sua própria instituição tinha requerido que ele apresentasse o diploma de mestre, afinal já vinha recebendo a gratificação de mestre há anos, mas com essa pendência documental.

Como ele não atendia a cobrança feita pela pró-reitoria de pessoal, a procuradoria da instituição foi acionada para que o processasse por estelionato.

É possível que alguém se boicote de tal forma, a ponto de criar para si um problema insolúvel e que tem consequências graves (devolução de valores recebidos indevidamente, perda de tempo, processo de exoneração pelo conjunto das ações)?

Para explicar seu comportamento, ele recorreu à separação da mulher como algo que o deixou desorientado a tal ponto que o fez concentrar-se nas atividades do doutorado, e deixasse de lado a atenção à finalização do mestrado.

Moral da História: Deve-se encerrar em definitivo uma etapa antes de começar a próxima; se foi possível dar o passo seguinte com algo por fazer para fechar o anterior, ficar atento e desdobrar-se até finalizar para, assim, poder concentrar-se na etapa em andamento com toda a força possível. Portanto, cabe a orientação ao profissional: termine definitivamente o que iniciou! Não deixe projetos inconclusos!

[60] SURPREENDA O CLIENTE

Um aluno de um curso noturno me fez o elogio: nas nossas aulas, que ocorriam uma vez por semana, ele notou que não havia repetição na forma como a condução da aula era feita; a seguinte era sempre diferente da anterior; ele não sabia como o assunto do dia seria abordado antes que eu iniciasse. Meu esforço era no sentido de tornar a aula mais agradável, mais enriquecedora em termos de aprendizado, expondo conteúdo relevante, de modo que, na saída, o estudante avaliasse que valeu a pena comparecer.

Não se trata aqui do assunto a ser abordado, esse era de conhecimento de todos, pois constava do plano da disciplina entregue na primeira aula; esse plano continha o assunto de cada aula. Era a estratégia que seria empregada para abordar o assunto do dia. Além do que, ele disse, havia a preocupação de trazer conhecimento aplicável, útil, para o profissional da área, críticas fundamentadas, sem receio de sair da "zona de conforto" do assunto preestabelecido, como é o caso quando o conteúdo está todo amarrado em dezenas de slides que o professor vai comentar rapidamente.

Quem quer que seja o seu cliente, surpreenda-o positivamente! Com isso, é mais provável que você consiga fidelizá-lo.

[61] É POSSÍVEL SEMPRE RECOMEÇAR

Na Natureza, vê-se em cada coisa a sapiência onipotente (que pode tudo), onisciente (que tem saber absoluto), onividente (que tudo vê) e onipresente (que está presente em todos os lugares, ubíquo) de Deus.

Por exemplo, a vida tem sempre um novo dia para recomeçar, pleno de possibilidades!

O que não conseguimos fazer em um dia, podemos fazer no seguinte.

O erro que cometemos em um dia pode ser corrigido no seguinte.

Aproveitemos essa dádiva!

[62] VALORES ATUAIS

O profissional deve ter ciência de que há valores a serem preservados durante a atuação profissional: respeito à Ética, respeito à diversidade étnica, cultural, biológica, de gênero e de orientação sexual, respeito à pluralidade de ideias e de pensamento, trabalho para construção de uma sociedade inclusiva e sustentável. A Ética impõe isso como forma de aperfeiçoar a convivência na sociedade em que vivemos.

[63] O PODER DA EQUIPE

Vendo o tamanho da lista de agradecimentos do escritor Dan Brawn em seu último livro, "Origem", eu pude reforçar a importância do trabalho em equipe. São múltiplas as equipes citadas, cuidando de cada detalhe, passando por diferentes áreas de pesquisa e campos de conhecimento abordados no livro, os times de revisores, municiando o autor com todo tipo de observação – sugestões de melhorias no texto, possíveis cortes e inclusões. Mais de duzentas pessoas envolvidas em apoio ao escritor, trabalhando para o aprimoramento da obra. Editores alimentando financeiramente o autor, dispensando-o de qualquer preocupação que não seja a produção do livro.

Sem querer fazer paralelo da carreira brilhante do escritor americano com meu modesto trabalho de escritor diletante – a começar por ser quase solitário (afinal sou eu e mais dois), com textos dirigidos a públicos restritos, diferentemente da perspectiva de lançamento mundial, potencialmente sem limitação de leitores.

Minha equipe: um filho faz a capa, outro lança na plataforma de venda. Absurdo dos absurdos: eu próprio revejo os originais. Compreensível que errinhos escapem, seja de escrita, de coerência, de coesão. Em alguns casos, sanáveis por revisão ligeira quando feita por outrem, e não pelo autor que, com frequência, passa por cima do erro e não enxerga.

[64] TÉCNICAS PARA FIXAÇÃO DA APRENDIZAGEM

É senso comum que a retenção de dado conteúdo, sem aplicação diária ou mesmo semanal por parte do aprendiz, diminui à medida que o tempo passa. O aprendiz esquece os assuntos estudados há uma semana, duas semanas, etc. Isso é fato conhecido há muito tempo.

Outro aspecto que impacta a aprendizagem é a própria individualidade. Cada ser humano é dotado de características que o individualizam e que o diferenciam de qualquer outro. Cada pessoa tem história de vida, habilidades, experiências e limitações particulares. Por isso, a rigor, toda generalização em termos de aprendizagem é indevida. O que é indicado para um estudante como prática de ensino não é necessariamente apropriado para outro. Em razão disso, cada pessoa apresenta tempo particular para aprendizagem de dado assunto. Só mesmo por simplificação pode-se considerar que uma prática didática atingirá plenamente um grupo de estudantes da mesma maneira, garantindo que todos assimilem dado assunto de forma adequada. Como afirmado, isso não acontece porque inexiste turma homogênea, afinal as pessoas são singulares.

A velocidade com que o esquecimento se dá para uma pessoa depende de vários fatores. Dentre eles, podem ser citados: a habilidade de leitura e compreensão de textos do aprendiz, o conhecimento prévio que ele tem dos fundamentos que o habilitem para a assimilação do assunto estudado, a própria complexidade do assunto estudado, a qualidade do material estudado, o tempo disponível do aprendiz para o estudo, a habilidade didática do professor. São determinantes no processo de assimilação com reflexos inevitáveis no esquecimento mais rápido até mesmo fatores fisiológicos que podem ter afetado o aprendiz durante o período de tempo em que o estudo ocorreu. Dentre esses fatores, podem comprometer a aprendizagem, por exemplo: fome, sede, estresse, sono, cansaço, não atendimento de necessidades fisiológicas. Essas condições, quando presentes, dificultam a aprendizagem.

Considerando que houve aprendizagem, é reconhecida a necessidade de aplicar técnicas que garantam a retenção da aprendizagem de assuntos por tempo mais longo. É o que ocorre com frequência com a preparação para realização de concursos, exames e provas. É desejável que tópicos programáticos sejam estudados e/ou revistos e, claro, não esquecidos até a realização da prova.

A fixação da aprendizagem consiste na assimilação pelo aprendiz do que foi ensinado em sala ou do que ele estudou como autodidata – seja em livros, em apostilas, em textos em *pdf*, em áudios, em e-books, em vídeos, ou em quaisquer outros meios – passando a incorporar o conteúdo ao seu repertório de conhecimentos, podendo aplicar de maneira bem-sucedida, sempre que (ou quando) necessário.

Dentre as técnicas para fixação e/ou revisão da aprendizagem são listadas várias abordagens a seguir, com pequenas variações em algumas delas. É preciso dizer desde logo que não há técnica ou método infalível ("a solução bala de prata"), aplicável em todos os casos e para todas as pessoas, com garantia de eficiência, eficácia e efetividade. O aprendiz (seja aluno de curso regular, seja autodidata na condição de concursista, com plano para estudar e/ou rever tópicos programáticos em vista de prova próxima) deve avaliar as abordagens citadas e escolher as que sejam mais apropriadas para sua condição, levando em conta suas circunstâncias particulares, suas dificuldades, as lacunas de aprendizagem que pretende preencher, o tempo que dispõe, os recursos e as condições que dispõe para realizar seu estudo ou revisão.

Considerando que o estudo ou a revisão será realizada sem contar com um instrutor que conduza sua realização, são sugeridas as nove seguintes técnicas, métodos e ferramentas de apoio ao estudo/revisão[58,59]:

[1] *Mapas Mentais*: diagrama inventado pelo psicólogo inglês Tony Buzan (1942-2019); esse diagrama é utilizado na compreensão e

solução de problemas e representa o relacionamento conceitual entre informações; por isso, é também utilizado no aprendizado e na memorização de informações. O mapa mental ilustra ideias e conceitos, exibindo relacionamentos de causa, efeito e similaridade entre eles;

[2] *Elaboração de Resumos para Apoio ao Estudo e às Revisões Posteriores*: depois do estudo de um tópico, o aprendiz pode produzir uma "cola" com um resumo do assunto estudado. Quando perguntado como seria o resumo de um assunto preparado durante o estudo, o professor Piazzi (citado nos tópicos [20] e [28]) dizia rindo que fosse preparado algo como uma "cola" para ser usado nas revisões posteriores desse assunto.

[3] *Ministração de Conteúdo pelo Aprendiz*: é reconhecido que tentar ensinar outra pessoa é forma de aprender o assunto ensinado. Ao ensinar, a pessoa percebe se domina o assunto; as possíveis lacunas de aprendizagem que ainda tem sobre o assunto afluirão naturalmente e, assim, o aprendiz pode buscar formas de saná-las.

[4] *Métodos Mnemônicos*: estes métodos podem ser utilizados em determinadas situações como forma de aumentar a capacidade de memorização de conteúdo por meio de associações que podem ser estabelecidas com fotos, diagramas, esquemas, mapas, etc.

Podem ser utilizados *Acrônimos* como auxílio à memorização (acrônimos são palavras formadas por letras que representam o conceito que se pretende recuperar ou lembrar).

Também podem ser usados *Acrósticos*: acrósticos são frases formadas por palavras, às vezes, com sentido engraçado: as letras iniciais podem possibilitar a lembrança do conceito que se deseja.

Pode-se recorrer também a *Encadeamentos* de palavras que precisam ser memorizadas, formando uma frase que possibilite a recuperação. Isso é meio artificioso, mas é um recurso a que o aprendiz pode recorrer para lembrar as palavras encadeadas na sequência pretendida.

[5] *Utilização de Fichas Didáticas ou "Flashcards"*: consiste de cartão de papel comum ou cartolina, em que uma face contém uma pergunta; a outra face contém a resposta da pergunta. O aprendiz lê a

pergunta e apresenta sua resposta; só então confere a exatidão na outra face. Vejamos agora a utilização da ficha didática, com a qual o aprendiz estudará dado conteúdo antes de responder questões formuladas: nesse caso temos uma ficha com dado conteúdo relevante e cartões com questões a serem respondidas; há cartões com as respostas respectivas para que o aprendiz confira a exatidão de suas respostas;

[6] *Elaboração de Exercícios de Fixação*: para cada sessão de estudos é conveniente que o aprendiz faça exercícios que cubram o conteúdo abordado; quanto mais cedo o conteúdo estudado for aplicado, mais provável que ocorra sua assimilação.

[7] *Revisão Periódica*: é boa prática que o aprendiz periodicamente repasse os assuntos estudados e/ou revisados, reforçando a assimilação, atenuando ou diminuindo o esquecimento natural decorrente do transcurso do tempo desde o momento em que o tópico foi estudado ou revisado pela última vez.

A revisão é forma de garantir que ocorra assimilação efetiva da aprendizagem dos assuntos estudados ou recapitulados.

Todos os materiais disponíveis sobre dado conteúdo podem ser utilizados na revisão: resumos; mapas mentais; questões para resolução; fichas didáticas ou "flashcards" disponíveis.

Uma das abordagens de revisão periódica é realizá-la em quatro etapas, da seguinte forma:

[a] 1ª revisão depois de 24 horas decorridas desde o estudo efetuado;

[b] 2ª revisão depois de 7 dias transcorridos desde o estudo efetuado;

[c] 3ª revisão depois de 1 mês transcorrido desde o estudo efetuado;

[d] revisões sucessivas são realizadas depois de 1 mês, de 2 meses, de 3 meses, ..., de 6 meses transcorridos desde o estudo efetuado.

Há variações dessa abordagem que podem ser adotadas:

[7.1] *Revisão Contínua*: esta variação prevê que a revisão seja realizada logo depois que a conclusão do estudo seja feita; terminada a revisão, outro tópico é estudado;

[7.2] *Revisão 4:2*: esta variação encurta o tempo entre a primeira leitura e a revisão respectiva. Considerando ciclos de 6 dias por semana: o plano de trabalho prevê 4 dias de estudo; nos 2 dias restantes, os assuntos estudados nos 4 dias anteriores são revisados;

[7.3] *Revisão 5:1*: trata-se de pequena variação da abordagem do item [7.2]: considera-se nesta abordagem ciclo semanal de 6 dias: durante 5 dias os conteúdos são estudados; o sexto dia contempla a revisão dos assuntos estudados nos 5 dias anteriores;

[7.4] *Revisão para Curto Prazo*: é realizada em quatro etapas, da seguinte forma:
  [a] 1ª revisão: logo depois da aprendizagem;
  [b] 2ª revisão: depois de 15-20 minutos da revisão anterior;
  [c] 3ª revisão: depois de 6-8 horas da aprendizagem;
  [d] 4ª revisão: é realizada em até 24 horas da ocorrência da aprendizagem;

[7.5] *Revisão para Médio Prazo*: considera-se médio prazo a realização de revisão em até 4 meses, conforme abaixo:
  [a] 1ª revisão: ocorre logo depois da aprendizagem;
  [b] 2ª revisão: depois de 20-30 minutos da primeira revisão;
  [c] 3ª revisão: depois de 1 dia da ocorrência da aprendizagem;
  [d] 4ª revisão: depois de 2-3 meses da revisão anterior.

[8] *Recapitulação Diária*: o professor Pierluigi Piazzi, citado acima, recomendava que seus alunos revisassem os assuntos estudados em sala no mesmo dia, antes de dormir. A recomendação dada era que os assuntos abordados em sala fossem revistos (tendo como referências as anotações feitas pelo aluno na aula). Piazzi explicava que, ao repassar o que foi estudado antes de dormir, o estudante tornaria possível que suas redes neurais fossem regeneradas, com a incorporação dos novos conteúdos associados.

Como professor de cursinho de vestibular, Piazzi não recomendava que seus alunos fizessem "viradas" madrugada a dentro; para ele, o estudo e/ou a revisão precisavam ser realizadas durante o dia ou a noite, não necessariamente em períodos longos, mas que fossem realizados diariamente, sem avançar pelas horas normais de dormir para não prejudicar a saúde nem a regeneração das redes neurais do aprendiz.

[9] *Utilização de Métodos de Ensino Ativos*: Desenvolvimento de projetos, resolução de problemas ou elaboração de trabalhos em grupo, relacionados a assuntos abordados em sala de aula (quando é o caso): são formas de garantir a assimilação dos conteúdos tratados. Não aplicável a estudo e revisão como autodidata.

[65] MOTIVAÇÃO PARA APRENDER

A motivação para o trabalho e para o estudo foi tratada no tópico [32]. Aqui vamos abordar especificamente a motivação para aprender, reforçando alguns aspectos mencionados no item [32].

Com a evolução tecnológica na área de entretenimento – vídeo, rede social, música, *game*, etc. – há sempre algo para conhecer e experimentar ou, mesmo, praticar. São inúmeros os estímulos que fazem com que só os estudantes genuinamente determinados consigam realizar o que planejam. Os outros, a maioria, se perdem no imediatismo de atender demandas aparentemente urgentes que representam, no fim, perda de tempo e de foco.

O objetivo desta seção final é tratar da motivação – necessária – para quem pretende iniciar a preparação para aprender algum tópico de interesse, seja por que motivo for (em especial quando o motivo é realizar concurso, exame e prova). Isso exige renúncia a prazeres imediatos e mudança comportamental para garantir concentração durante as sessões de estudos e de revisões[34,40].

Nada funciona (ou funciona pouco) se o aprendiz (aluno, autodidata ou concursista) não consegue liberar-se de atividades prazerosas para aprender ou revisar tópicos programáticos do concurso ou exame. É preciso que o aprendiz tenha a medida da importância de se concentrar para aprender dado conteúdo.

Certamente a concentração para aprender esse tópico de estudo nem sempre é prazerosa: requer leitura de várias fontes, anotação de pontos principais, aplicação do ponto de estudo na vida cotidiana, elaboração de resumo para revisões posteriores, aprofundamento do assunto (sendo possível) para abarcar abrangência horizontal (envolvendo assuntos correlatos) e abrangência vertical (envolvendo detalhamento não alcançado no estudo inicial).

A concentração no estudo exige, para ser efetiva, que não haja alternância com outra atividade qualquer. Infelizmente (quando olhado por esse prisma), são muitos os atrativos da vida moderna, em especial os de natureza tecnológica, que representam, pelo prazer associado, ralos desperdiçadores do tempo do aprendiz. Como citado, são fatores de dispersão a internet, as redes sociais, os televisores, quaisquer meios que possibilitem afastar o aprendiz da atividade relacionada ao estudo. Nesse caso, esses meios devem ser afastados dos ambientes de estudo e devem ser usados somente nos intervalos programados.

A aprendizagem efetiva é intransferível: a ninguém pode ser repassada como incumbência. Por isso, o aprendiz precisa entregar-se a essa tarefa plenamente para ser bem-sucedido: é preciso haver empenho em aprender.

Já foi reconhecida a necessidade de criação de ambiente favorável à aprendizagem, em que o próprio professor (se houver algum) e o próprio autodidata estejam motivados a fazer bem o seu trabalho.

Sem esforço não há aprendizagem. Para haver esforço é necessário haver interesse. Ninguém se esforça sem motivo, sem reconhecer importância em mobilizar esse esforço. Aí está identificado o espaço de atuação do professor, por exemplo – tornar clara a importância do que precisa ser aprendido – para conseguir o esforço do estudante. Ou seja, para conseguir que ele crie estímulos para si mesmo. O autodidata cumpre esse duplo papel consigo.

Reforçando: existe relacionamento mútuo entre aprendizagem e motivação. Se o aprendiz está motivado para aprender, há mais chance de ocorrer aprendizagem. Quanto mais ele aprende, mais motivado ele fica em aprender.

Finalizando: na condição de autodidata, planeje sua semana de trabalho: construa seu plano de estudo e de revisão. Selecione duas a três abordagens de revisão, dentre as listadas acima. E mantenha a persistência! A caminhada é dura, árdua, longa, mas um dia acaba! Quando o sucesso chega!

[66] A METÁFORA DO CORVO DE EDGAR ALLAN POE

Ao conceber as partes dum artigo encomendado a respeito de como ser bem-sucedido como autodidata, pensei em buscar uma metáfora para pôr no início, associando-a ao que representa a perda de tempo para o estudante (ou profissional) sempre que ele, levado pela preguiça ou por alguma distração qualquer, deixa de lado o estudo. Sei que esse é um problema sempre presente nas jornadas como as que o autodidata empreende, que se estendem por meses e até anos: os atrativos oferecidos pela vida moderna – há sempre algo mais prazeroso a fazer do que estudar.

Recorri ao conflito contido no poema "O Corvo" ("The Raven", em inglês), de 18 estrofes em 108 versos, de Edgar Allan Poe, poeta e crítico literário estadunidense (1809-1849), em que é relatada a perturbação de um homem com a morte de sua amada, Eleonora.

O poema de Poe foi publicado em janeiro de 1845, num semanário nova-iorquino. Uma das traduções do poema é de Machado de Assis, o grande expoente da literatura brasileira, com obras como poeta, romancista, cronista, contista e dramaturgo. De origem humilde, Machado é exemplo citado no artigo como autodidata bem-sucedido: todos os seus estudos foram desenvolvidos fora do ambiente escolar ou universitário, e o levaram ao ápice como escritor, tendo sido o fundador e o primeiro presidente da Academia Brasileira de Letras.

Poe narra no poema a visita de um corvo falante a um homem que perdeu sua amada. A escolha de Poe pela ave que interage com o homem é apropriada: o corvo é associado ao azar, à morte. São reconhecidos méritos no poema de Poe quanto à musicalidade e à linguagem estilizada. Poe recorre a elementos mitológicos, folclóricos, religiosos e clássicos.

A todas as questões que atormentam o amante pelo vazio da falta da amada no diálogo com o corvo, a ave repete: "nevermore" (nunca mais, em inglês).

De resto, sem analisar o horror e a fantasia presentes no poema de Poe, que caracterizam seu gênero literário como romantismo sombrio, pode-se afirmar que toda perda pela morte deixa vazio para os que ficam. É possível imaginar um corvo falante repetindo a palavra insistentemente sempre como síntese da tortura que a lembrança acarreta a quem ficou.

É o mesmo caráter que me permito associar grosseiramente para atormentar o autodidata quando desperdiçar seu tempo por preguiça, por distração ou por outro motivo qualquer que não seja o estudo planejado: o corvo falante estará à sua janela a repetir "nevermore", pois o tempo perdido desgraçadamente nunca voltará para, enfim, ser empregado em algo útil.

Não há dúvida quanto a isto: um dos principais causadores de distração existente hoje é o telefone celular, como citado no tópico [36] – Capacidade de concentração. Eu até me refiro a essa tecnologia indispensável como "a praga da distração". A vida moderna está repleta de atrativos prazerosos, tecnológicos ou não, que inibem ou impedem o estudo sistemático. Se você precisa iniciar algo importante, lembre-se do corvo de Poe lhe advertindo com "nevermore" sempre que você deixar de fazer o que deveria: o tempo passado nunca mais voltará, é irrecuperável. Se, por distração, você deixar para amanhã o que poderia fazer hoje, esse tempo estará irremediavelmente perdido. Afinal, a tarefa do dia seguinte já poderia ser outra.

Na Parte II a seguir o assunto tratado é o emprego público, com a menção às exigências, aos requisitos, às orientações de como disputar uma vaga com chance de sucesso: a renúncia aos passatempos para dedicação integral aos estudos, o planejamento rigoroso como forma de cobrir todos os assuntos do conteúdo programático constante do edital do concurso, o teste regular com base em provas de concursos anteriores realizados pela organização encarregada da realização do concurso.

PARTE II – EMPREGO PÚBLICO

Há dois tipos de empregos públicos: **[1]** emprego temporário, **[2]** quadro permanente. O preenchimento de vaga de emprego temporário é assinado normalmente por um ano, podendo ser prorrogado por mais um ano. A seleção é feita por meio de processo seletivo simplificado.

Nesse último caso, o candidato aprovado assina contrato com data de término estabelecido, para ocupar temporariamente vaga de profissional permanente, em razão de liberação para realização de estudos do titular ou em decorrência de evento imprevisto, como morte, doença, ou outro. Nesse caso, emergencialmente a vaga pode ser ocupada por profissional com contrato com duração determinada, não podendo haver renovação do contrato depois de dois anos de trabalho.

O processo seletivo simplificado (vaga temporária) não tem o mesmo caráter do concurso público (vaga permanente), em que o candidato, se aprovado no estágio probatório (dois anos), não tem mais duração determinada em seu contrato de trabalho.

[67] EXEMPLO DE EDITAL DE CONCURSO

Para citar um exemplo, tomemos algumas informações constantes do edital do concurso público para cargos da Polícia Federal, lançado em 15 de janeiro de 2021. Esse concurso teve previsão de ser realizado em duas etapas. As seguintes informações sobre cada cargo constavam do edital (dentre outras): título do cargo, remuneração, jornada de trabalho, requisito (nesse caso, diploma de curso superior) e atribuições do cargo.

A primeira etapa consistiu dos oito passos listados a seguir. A etapa habilitava para admissão ao Curso de Formação Profissional, previsto para ser realizado em Brasília, de responsabilidade da Academia Nacional de Polícia.

[a] *Prova Objetiva*, eliminatória e classificatória, com 120 questões, assim distribuídas (os blocos citados abaixo referem-se a partes do programa do cargo Agente de Polícia Federal – conhecimentos e habilidades requeridas): 60 questões do Bloco I, 36 questões do Bloco II e 24 questões do Bloco III.

O detalhamento do conteúdo de cada bloco constava do edital (foge ao escopo do livro apresentar a listagem completa do conteúdo).

Bloco I: Língua Portuguesa; Noções de Direito Administrativo; Noções de Direito Constitucional; Noções de Direito Penal e de Direito Processual Penal; Legislação Especial; Estatística, Raciocínio Lógico.

Bloco II: Informática.

Bloco III: Contabilidade Geral, Arquivologia.

[b] *Prova Discursiva*, eliminatória e classificatória – consiste na produção de texto dissertativo de 30 linhas;

[c] *Exame de Aptidão física*, eliminatório;

[d] *Avaliação Médica*, eliminatória;

[e] *Prova Oral* (exclusiva para o cargo de Delegado), eliminatória e classificatória;

[f] *Prova Prática de Digitação* (exclusiva para escrivão), eliminatória;

[g] *Avaliação de Títulos* (exclusiva para Delegado), classificatória;

[h] *Primeiro Momento de Avaliação Psicológica*, sem caráter eliminatório.

A duração total das provas [a] e [b] foi de 4 horas e 30 minutos.

A segunda etapa do concurso consistiu no *Curso de Formação Profissional*, eliminatório. A ordem de classificação no *Curso de Formação Profissional* foi usada para escolha de lotação de todos os candidatos. Durante a realização do curso, ocorreu o segundo momento da avaliação psicológica, com caráter eliminatório.

Com essa brevíssima descrição, tem-se a ideia do rigor do concurso. Com a expectativa de número de candidatos inscritos na casa de milhares, pode-se estimar o nível de dificuldade para obter aprovação, tantos são os obstáculos a superar até a etapa final com a nomeação no Diário Oficial da União. Conquistar uma vaga em um concurso dessa natureza constitui bela visão do futuro que o profissional pode ter. Para alcançá-la, tem-se a medida da concretização de meta que é reservada para poucos dentre os milhares de candidatos que se inscreveram.

[68] PLANO DE ESTUDOS PARA CONCURSO

A submissão a concurso público com chance de conseguir uma vaga, e não somente participar para engrossar o número de candidatos, exige sacrifícios do profissional em termos de horas diárias dedicadas ao estudo. A elaboração de um plano de estudos que contemple a cobertura de todo o programa do concurso é um dos primeiros passos.

Como afirmado, a conquista de vaga em concurso é exemplo de visão do futuro em face do esforço exigido em termos de horas e horas diárias de estudo por longos períodos (meses e até anos), renúncia a horas de lazer, a passatempos preferidos. Enfim, os candidatos inscritos são contados em milhares e as vagas, em poucas unidades. Desse modo, é realístico pensar em conseguir a vaga almejada depois de três, quatro tentativas. É raro atingir o objetivo na primeira investida. A menos que a pessoa já venha com o hábito de estudo sistemático desde a Educação Básica, e tendo sido mantido durante o curso superior.

Sete providências que o candidato pode adotar para ter mais chance de sucesso em concursos públicos:

[1] *Lugar para Estudo*: o candidato precisa dispor de ambiente favorável ao estudo, com móveis confortáveis (estante, mesa, cadeira), iluminação apropriada ao estudo, ventilação (ou refrigeração) adequada, e, sobretudo, o local deve possibilitar concentração, sem ocorrência de barulho, de ruídos ou de interrupções frequentes.

[2] *Celular Desligado*: ao iniciar a sessão de estudo, é conveniente que o celular seja desligado. O mesmo vale para o televisor, o rádio, etc., para evitar interrupções e perda de concentração.

[3] *Rotina de Estudo*: o cronograma de estudo pode cobrir semanas ou meses. É desejável que o candidato estabeleça uma rotina, com hora de início, paradas para descanso, horas de término. Portanto, é conveniente que ele organize seu tempo de estudo levando em conta seus outros afazeres.

[4] *Edital do Concurso Público*: a leitura do edital com atenção a detalhes como os pré-requisitos e as exigências para inscrição, o conteúdo programático requisitado para o cargo de interesse, empresa terceirizada organizadora do concurso, provas de concursos anteriores realizadas por essa empresa na instituição promotora do concurso como em outras organizações.

[5] *Cronograma de Estudo*: deve cobrir todo o conhecimento constante de cada matéria da prova. O material de estudo deve consistir de livros e apostilas que abordem detalhadamente todos os tópicos do concurso.

[6] *Provas de Concursos Anteriores Elaborados pela Empresa Organizadora*: é interessante que o candidato tenha acesso a essas provas, para treinamento e para conhecimento dos modelos de questões adotados pela empresa. É fora de cogitação que questões que constaram de exames passados sejam aproveitadas nas provas do concurso em andamento. A empresa organizadora não cometeria erro tão primário. É preciso destacar também o seguinte: nada impede que o próximo exame tenha formato completamente diferente dos anteriores. Por isso, o candidato deve estar preparado para qualquer situação. Mas é provável que haja semelhança nos formatos. Isso pode nortear a forma como o candidato estuda os tópicos do programa.

[7] *Material de Estudo*: livros, manuais, videoaulas, materiais em pdf (livros digitais), apostilas impressas vendidas em bancas de revistas. O mercado de cursos preparatórios para concursos é amplo. Há muitas empresas que oferecem exames simulados e/ou cursos on-line e/ou a venda de material especial para estudo para os concursos mais concorridos, como é o caso de processos de seleção para a Polícia Federal, para órgãos do Poder Judiciário, Poder Legislativo, cujos cargos têm remuneração mais alta (acima de dez mil reais, passando até de vinte mil reais). Essas empresas fornecem serviços como fóruns de dúvidas para os inscritos e outros instrumentos de estudo.

Sobre essas empresas: havendo disponibilidade financeira, é conveniente que o candidato se inscreva em um desses cursos, assim como pode adquirir materiais didáticos específicos para o concurso que vai fazer. Ele deve avaliar o que funciona melhor para o seu caso específico, levando em conta também sua disponibilidade de tempo.

Avaliando-se o material de alguns cursos, a constatação é que são superficiais, se for levada em conta a perspectiva seguinte: as questões das provas abordam detalhes a respeito dos assuntos do programa –

portanto, são questões consideradas "difíceis" e "muito difíceis" em virtude da minúcia exigida. Com frequência, os textos preparados pelos cursos não se valem desse fato. Por isso, é recomendável contar com livros que abordem detalhes dos tópicos dos programas do concurso.

[69] ELABORAÇÃO DE PROVAS DE CONCURSO

As empresas organizadoras dos concursos públicos designam os membros das bancas examinadoras. As bancas são constituídas de dois ou mais participantes, que trabalham tanto na elaboração quanto na revisão de questões.

Com frequência, as questões produzidas por um são avaliadas e revisadas por outro ou por outros. A orientação é que não conste da prova questão que seja rotulada pelos revisores como "fácil" (essas questões são descartadas); preferencialmente, para constar da prova, a questão deve ser classificada como "difícil" ou "muito difícil". 30% a 40% das questões de uma dada prova devem ser "difíceis"; vale o mesmo para as questões "muito difíceis". O percentual restante pode ser constituído de questões de "dificuldade média".

Reforçando a dica: o candidato não deve deixar de estudar os detalhes dos assuntos constantes do programa. Por quê? Com base no que foi afirmado acima, não é tarefa simples para o examinador conseguir produzir uma questão original, e que seja classificada como "difícil" ou "muito difícil" sem recorrer a detalhes, a minúcias do tópico abordado. As provas não podem conter questões de concursos anteriores. Se acontecer algum descuido em relação a isso por parte da banca examinadora e da organização do concurso, as questões são passíveis de anulação. Se houver algum recurso em relação a isso por parte de candidatos que se sintam prejudicados, é possível levar até à anulação da prova. É claro que as empresas organizadoras se esforçam para que isso não aconteça, pois elas arcam com os custos de refazer o trabalho, diminuindo, assim, o lucro ou possibilitando mesmo que haja prejuízo com a realização do trabalho.

Outra orientação óbvia decorre da recomendação repassada às bancas elaboradoras das provas: cobrir todo o conteúdo do programa do edital. Então, quem deseja ter chance de sucesso na prova deve estudar detalhadamente todos os tópicos do programa. Todos!

Normalmente, não há recomendação de bibliografia nos editais. Isso favoreceria autores e editoras listadas em detrimento de outros, assim como beneficiaria os candidatos com maior poder aquisitivo – esses poderiam adquirir todas as obras recomendadas.

A vantagem de haver a indicação de obras é que, pelos seus textos, o candidato poderia ter talvez a gradação da profundidade com que os assuntos seriam tratados na prova pela banca examinadora. Como isso não é feito, para ter sucesso, resta ao concursista munir-se do maior número de livros diferentes sobre os assuntos do programa do concurso, e tentar cobrir todos esses tópicos com grande profundidade.

Portanto, como não há indicação de bibliografia, boa sugestão para o leitor é reunir referências que cubram todos os tópicos do edital, contando, se possível, com a visão de mais de um autor sobre os assuntos. Por exemplo, tomando como referência cinco grandes áreas:

[1] em concurso para analista de sistemas é desejável que o candidato tenha exemplares das últimas edições de Roger S. Pressman e Bruce R. Maxim ("*Engenharia de Software: uma Abordagem Profissional*") e de Ian Sommerville ("*Engenharia de Software*"), pelo menos;

[2] para analista de Tecnologia da Informação – área de BD, conseguir últimas edições de "Introdução a Sistemas de Bancos de Dados" (C. J. Date), "Sistemas de Bancos de Dados: Fundamentos e Aplicações" (Elmasri e Navathe) e "Projeto de Bancos de Dados" (Carlos Alberto Heuser), pelo menos;

[3] para Redes de Computadores: Kurose/Ross (*Redes de Computadores e a Internet: uma Abordagem Top-Down.* São Paulo: Addison Wesley), de Couloris/Dollimore/Kindberg (*Sistemas Distribuídos: Conceitos e Projeto.* Porto Alegre: Bookman) e de Tanenbaum e Wetherall (*Redes de Computadores.* São Paulo: Pearson*),* pelo menos;

[4] para Sistemas Operacionais: Andrew S. Tanenbaum (*Sistemas Operacionais Modernos.* São Paulo: Pearson Prentice Hall), de Brian L. Stuart (*Princípios de Sistemas Operacionais.* São Paulo: Cengage Learning), de Abraham Silberschatz et al. (*Sistemas Operacionais: Conceitos e Aplicações.* Rio de Janeiro: Campus), pelo menos;

[5] para Gerência de Projetos: é desejável que o candidato tenha exemplares das últimas edições do Corpo de Conhecimentos em Gestão de Projetos (*Project Management Body of Knowledge*, o PMBOK) e do livro do Turban *et. al.* ("Administração de Tecnologia da Informação: Teoria & Prática"), pelo menos.

Vamos agora à Parte III, para abordar tópicos sobre o emprego em empresa privada: [70] Entrevista para Emprego e [71] Curriculum Vitae.

PARTE III – EMPREGO EM EMPRESA PRIVADA

Como citado no início do Capítulo 0 ("Caminhos para Geração de Renda"), o processo de recrutamento de pessoal nas organizações do Segundo Setor (setor privado) é bem mais simples e menos formal que o das organizações do Primeiro Setor (setor público).

No setor público, a característica é permitir oportunidade de participação a todos os interessados que preencham os requisitos, garantindo igualdade de condições, isenção e lisura em todas as etapas do recrutamento, de modo que não haja favorecimento de um candidato em detrimento de qualquer outro. Essas exigências tornam o processo de recrutamento demorado, pelo restrito cumprimento da legislação existente.

Isso não quer dizer que no setor privado esses mesmos valores não sejam considerados: a questão é que o processo é simplificado, para que o recrutamento tenha desenlace mais rápido, e os candidatos selecionados assumam logo sua função.

Nada impede, por exemplo, que a ocupação de um cargo se dê por indicação de profissional qualificado feita por departamento de recursos humanos, com base em mera avaliação do Curriculum Vitae (CV).

Assim como o recrutamento de pessoal na empresa privada é simplificado, da mesma maneira a saída (demissão) não é processo demorado.

A garantia que um profissional tem para manter-se em empresa privada é dada pelo que ele retorna para a organização em termos de resultados esperados no exercício do cargo ocupado, e também quanto à obediência a normais internas, princípios e valores da empresa.

[70] ENTREVISTA PARA EMPREGO

A entrevista é motivo de temor dos candidatos a emprego em empresas particulares. Algumas posturas são identificadas para o profissional sair-se bem nessa etapa do processo de recrutamento.

Primeiro que tudo: é conveniente que o candidato esteja alinhado com o perfil do cargo pleiteado e com as habilidades necessárias para o seu exercício.

É normal o nervosismo, mas o candidato a emprego deve munir-se de inteligência emocional para controlar-se. Precisa saber que postura, firmeza com que fala, teor das respostas e forma como são expressas contam pontos para o candidato na perspectiva do recrutador.

Normalmente, a entrevista tem como base o que o candidato afirma no currículo, em que ele deve enfatizar resultados obtidos na sua trajetória profissional (caso não se trate de primeiro emprego), habilidades que pôde desenvolver ou aprimorar, conhecimentos de que dispõe. O tópico seguinte aborda a elaboração do Curriculum Vitae (CV).

Uma orientação que o candidato deve seguir como providência preparatória para a entrevista: informar-se sobre a empresa. Esses dados podem ser obtidos no portal da organização e também por meio de pesquisa na Internet. Informações importantes como: missão, princípios ou valores seguidos pela organização, visão do futuro, estrutura organizacional, dados sobre a matriz (e filiais, se houver).

O candidato precisa ter ciência do que a empresa espera com a seleção de empregado em andamento, as habilidades requeridas para o exercício do cargo.

Ele deve preparar-se para falar de si, dar informações sobre sua atuação anterior (se for o caso), citar suas principais características, relatar trabalhos relevantes que tenha desenvolvido e projetos de que tenha participado até a conclusão. O candidato deve avaliar se é conveniente citar cursos que tenha iniciado, mas não concluído. Uma questão que o recrutador provavelmente fará é sobre a razão por que o candidato não concluiu o curso.

Três blocos de informações que o candidato precisa preparar para a entrevista podem ser destacados:

[1] *Situação Geral do País, do Estado, do Município* onde está situada a empresa: informações macroeconômicas, principais bens produzidos, principais dificuldades;

[2] *Informações Sobre a Empresa*: como citado acima, dados normalmente disponíveis em portais e sites (missão, valores ou princípios organizacionais, cultura empresarial);

[3] *Informações Sobre o Cargo Pretendido*: exigências do cargo (requisitos), perfil profissional, principais atribuições e tarefas típicas.

Com relação ao exercício do cargo, o candidato pode precisar dizer de que forma pode colaborar com a empresa.

Uma possibilidade é a necessidade de produzir um vídeo com informações de autoapresentação, com manifestação sobre questões determinadas pela empresa. Se for o caso, valem as observações listadas sobre a entrevista presencial.

Cuidado com a aparência, local onde a filmagem é feita, conteúdo da exposição, evitar ler textos, falar com naturalidade. O candidato deve encontrar o ponto certo do vídeo, sem informalidade excessiva.

Com relação ao visual: o candidato deve preferir roupas sóbrias, clássicas. Deve mostrar-se como é: conta ponto a naturalidade e a gentileza com que se dirige a todos.

Outra recomendação para a entrevista: ajustar-se ao estilo do entrevistador: se ele for descontraído, é o que o candidato deve procurar mostrar-se; se o estilo do entrevistador é formal, sisudo, é a opção correta do candidato. Se o entrevistador começa com um comentário espirituoso, essa é a resposta adequada do candidato, seguindo no mesmo tom.

[70.1] PONTOS DA ENTREVISTA

É possível relacionar perguntas frequentes em entrevistas para emprego. O candidato deve estar preparado para respondê-las, com todos os argumentos alinhavados para obter melhor resultado, e evitar ser contestado ou corrigido. Veja a seguir dezenove possíveis perguntas que lhe podem ser dirigidas na entrevista:

[1] Diga quem você é; [2] Quais os pontos marcantes da sua experiência profissional? [3] Que habilidades diferenciadoras você julga que tem em relação aos demais candidatos? [4] O que você julga que o habilita para o cargo pretendido? [5] Quais são os seus pontos fortes e os seus pontos fracos? [6] Como você se vê profissionalmente daqui a cinco anos? [7] Por que essa vaga deve ser sua? [8] Por que essa vaga não deve ser sua? [9] Por que você quer deixar seu emprego atual (se for o caso)? [10] Por que você foi demitido em tal empresa? [11] Como é para você o ambiente ideal de trabalho? [12] Cite uma situação em

que você discordou de uma decisão do gerente de sua unidade. **[13]** Por que você não concluiu tal curso? **[14]** Como você lida com pressões de tempo no trabalho? **[15]** Cite exemplos de situações desse tipo; **[16]** Como você lida com pressões pela sobrecarga de trabalho? **[17]** Cite exemplos de situações desse tipo e diga como você age. **[18]** Você tem alguma pergunta a fazer? **[19]** Há algo que você gostaria de declarar, para finalizar a entrevista?

[71] CURRICULUM VITAE

A expressão latina *Curriculum Vitae* (CV) significa "trajetória de vida" ("curriculum" = trajetória, percurso; "vitae" = vida). CV é um documento que contém uma síntese com dados pessoais, qualificações e experiências, e formação acadêmica de um profissional interessado em ocupar uma vaga em uma organização. O CV fornece informações gerais sobre o candidato a um cargo específico na organização; serve como guia para possível entrevista posterior. Do ponto de vista do candidato é um instrumento com o qual ele faz seu marketing pessoal, credenciando-se para um cargo.

Há processos simplificados de seleção realizados em empresas privadas, baseados só na apresentação do curriculum vitae pelo candidato. Normalmente, a apresentação do CV antecede a realização de entrevista com candidatos selecionados com base no CV.

No caso de estudantes, como não há experiência profissional a relatar, o candidato pode informar estágios realizados, participação em programas de *trainees* e como iniciante em dada atividade profissional.

Orientação a seguir na elaboração do CV: o documento deve ser claro, preciso (informações corretas), objetivo, conciso (uma ou duas páginas), constituído de informações essenciais, com partes coerentes com o propósito de sua confecção. Não usar adjetivos ou expressões como "incrível", "inovador", "criativo", "apaixonado pelo trabalho", "movido a desafios", etc. Não é preciso anexar comprovantes nem cópias de certificados ou diplomas. Garantir boa apresentação do documento, papel A4, sem uso de xérox, nem utilizar frente e verso, evitar erros de digitação e/ou erros gramaticais. As informações listadas começam do momento atual para o passado. Ênfase às exigências e aos requisitos do cargo pretendido, qualificações e competências que o candidato tenha em consonância com o perfil do cargo pleiteado.

Cinco seções compõem o CV:

[1] *Dados Pessoais*: nome, idade (a data de nascimento não é necessária), estado civil, endereço, telefone, celular, e-mail. Não há necessidade de informar número de documentos oficiais (como RG, CPF, registro em órgão de classe, passaporte) nem referências bancárias, nem foto, nem referências pessoais.

[2] *Objetivo Pretendido*: posição desejada na empresa, cargo ou área de interesse. Não é conveniente informar pretensões salariais (essa informação é discutida em entrevistas).

[3] *Formação Profissional* (como citado acima: da mais recente para a mais antiga): curso de graduação; curso de pós-graduação *lato sensu* (emite certificado); curso de pós-graduação *stricto sensu* (emite diploma – mestrado; doutorado); proficiência em língua estrangeira, informando o nível de domínio (fala, lê, escreve).

[4] *Experiência Profissional*: estágios, nome da empresa, período de realização; principais atividades desenvolvidas; projetos de que participou, com a função desempenhada.

[5] *Habilidades e Qualificações*: breve perfil do candidato, com pontos fortes (sem exageros), realizações profissionais, interesses, capacidades e competências profissionais (escrever frases que iniciem com verbo).

Para a área acadêmica e de pesquisa, foi criada a plataforma Lattes pelo CNPq (Conselho Nacional de Desenvolvimento Científico e Tecnológico) – órgão ligado ao Ministério da Ciência, Tecnologia e Inovações. O objetivo da plataforma é formar uma base de dados com informações sobre estudantes de graduação e pós-graduação e pesquisadores do país, e facilitar a avaliação curricular de professores e pesquisadores.

A seguir a Parte III em que são apresentados os conceitos, as habilidades, as competências que precisam ser desenvolvidas ou aprimoradas e as orientações práticas para atuação como freelancer (ou autônomo) e empreendedor.

PARTE IV – FREELANCER/EMPREENDEDOR

Qual é a principal razão para que um profissional cogite tornar-se freelancer (ou autônomo) ou empreendedor? A principal é de natureza pessoal: pela realização que a criação e a consolidação de um negócio autônomo, com ou sem a criação de uma empresa podem proporcionar, oferecendo oportunidades de trabalho e de remuneração para si e para terceiros (seus colaboradores), e contribuindo com o mercado onde atua com seus produtos e seus serviços.

Outra razão é decorrência da própria realidade: a cultura do emprego tem sido abalada ao longo dos anos com, cada vez mais, redução de postos de trabalho. Repassando as justificativas para a redução das oportunidades de emprego: a globalização, a forte competição, os avanços tecnológicos, a automação de processos empresariais e fabris, o esforço para redução de custos nas empresas com processos de reestruturação organizacional que passam por *downsizing* (enxugamento dos níveis organizacionais, em busca de racionalização de processos e redução de custos operacionais) e terceirização (processo de entregar para terceiros a execução de operações próprias da empresa) têm levado à redução do número de empregos[1].

De outro lado, novas funções são criadas, outras são eliminadas em razão de processos de automação ou de reengenharia de negócio. Com respeito à automação, basta verificar o que ocorreu com os postos de trabalho na área bancária.

Portanto, a perspectiva de emprego não pode constituir-se na única alternativa para realização pessoal e para garantir a remuneração do profissional. Urge que ele se qualifique para atuar como solucionador de problemas na sua área, atuando como freelancer ou como autônomo. Assim, ele melhora sua empregabilidade – capacidade ou possibilidade de conseguir emprego ou manter ocupação de alguma forma, mesmo como freelancer ou como autônomo (sem vínculo empregatício). Basta identificar problemas que pessoas e empresas tenham, mas que não conseguem resolver diretamente, por falta de interesse ou know-how (=conhecimento técnico). Assumindo-os, pode não haver emprego, mas há trabalho a ser remunerado.

Procurar identificar uma área específica de atuação, em que haja carência de profissionais especializados, ou identificar produto ou serviço que seja demandado por parcela significativa de pessoas e de empresas que atuem em dado mercado: isso pode ser o ponto de partida para concretizar o objetivo de tornar-se empreendedor.

Essa atenção permanente às condições do mercado de trabalho onde vai atuar permite que o profissional, bem mais cedo, identifique o caminho da sua vida e, por ter feito essa descoberta, possa ampliar a chance de sucesso. E isso acaba por nortear a sua trajetória durante o curso superior, facilitando as escolhas que precisa fazer.

Nos tópicos seguintes são apresentados conceitos relevantes que constituem a base para a atuação do profissional que pretende empreender. A mudança da perspectiva de vida de empregado para a de empreendedor exige aprendizado constante, a partir dos elementos listados em seguida. Esses conceitos fornecem elementos basilares para a colocação como empreendedor, como também para permanecer nessa condição. Por isso, recomendo a leitura do que segue.

Àquele que deseja manter-se como empregado – com as garantias que a condição oferece, mas também com suas limitações – por que não pôr um pé também em atividade empreendedora ou mesmo como freelancer (autônomo)?

A seguir são citadas alternativas para isso: seja pela elaboração de um livro sobre alguma área de domínio, seja pela preparação de cursos que possa ministrar acerca desses assuntos, seja pela elaboração de software para necessidade reclamada pelo mercado, seja por se colocar como palestrante, seja por ser profissional capaz de resolver tais e tais problemas que sejam demandados por pessoas próximas ou por empresas (como freelancer ou autônomo, em possíveis tempos livres de que disponha). A linha de pensamento expressa é de evitar a acomodação às situações, tentar sair do conforto em que, às vezes, a pessoa se coloca profissionalmente e que leva, quase sempre, à desconexão com a realidade.

Salman Khan[36] cita quatro aspectos da cultura americana que tornam o solo do país fértil às iniciativas empreendedoras e nas quais outros países deveriam mirar-se:

[1] Valorização da criatividade;
[2] Ênfase no empreendedorismo;
[3] Cultivo do otimismo como regra de vida;
[4] Disponibilidade de capital para quem deseja arriscar.

Como mencionado acima: se o caminho escolhido pelo leitor for atuar como autônomo, isso pode ser feito de três modos: como freelancer, como microempresário individual (MEI) ou constituindo uma empresa formal, como microempresário. Em qualquer dos três casos, é necessário dispor de um produto ou um serviço a oferecer. Precisa ser reconhecido que há clientela interessada na aquisição do produto ou serviço oferecido. Serão listados a seguir tópicos relacionados à atuação como autônomo.

José Minarelli[1] cita sete conselhos úteis para o autônomo iniciante:

[1] *Investimento em Infraestrutura*: ele recomenda cautela. É melhor fazer investimentos aos poucos, à medida que o profissional aumenta sua clientela. Ele recomenda que o autônomo iniciante mantenha reservas financeiras para cobrir períodos de faturamento menor.

[2] *Registro de Venda de Serviços*: formalizar contratos de serviços, em que o escopo seja definido claramente. Às vezes, a pressa de iniciar e executar um serviço sem que tenha sido definido com clareza acarreta no fim prejuízos ao prestador de serviço. Minarelli recomenda que o autônomo redija uma carta-proposta com a delimitação do serviço (escopo, definindo com clareza o que constitui o serviço a ser executado), valor do sinal para iniciar, valor total do serviço, parcelas estabelecidas com datas de vencimento. É necessário que o contratante do serviço autorize no documento a sua execução. Esse procedimento evita que haja contestação posterior pelo contratante de qualquer informação da carta-proposta, assim como impede que haja ampliação indevida do escopo do serviço contratado.

[3] *Objetividade e Concisão na Proposta de Serviço*: nesse quesito, Minarelli recomenda que a proposta não apresente detalhamento de como o serviço será executado, como forma de evitar que haja apropriação de ideias pelo contratante ou outrem. Desse modo, as técnicas, os procedimentos, os materiais que serão utilizados não devem ser especificados na proposta (como se fosse um pré-projeto), como forma de preservar o know-how (=conhecimento técnico) do autônomo.

[4] *Não Fazer Projeto de Graça*: essa orientação tem a ver com a anterior: deve-se estabelecer na proposta o escopo do serviço, as atividades que serão desenvolvidas, local de execução, período de execução, preço e condições de pagamento, garantia do serviço. Assim sendo, o serviço deve ser bem definido; como ele será efetivamente executado, não deve constar do contrato.

[5] *Evitar Desperdícios e Gastos no Início do Negócio*: a preocupação de o autônomo já dispor de uma base bem instalada no início (escritório com mobiliário, decoração, carpete, etc.) é compreensível pelo status que oferece, mas esse comportamento deve ser evitado.

[6] *Controle do Faturamento*: a orientação é no sentido de evitar assumir compromissos que representem ônus para o negócio. Minarelli recomenda controle de receitas e de custos. Atuação focada em conquistar clientes, e procurar mantê-los por meio de oferta de produtos e serviços de boa qualidade, menor custo e pontualidade na entrega.

[7] *Controle das Finanças do Negócio*: sem embaralhar as despesas nem as receitas do autônomo pessoalmente com as do negócio. Ou seja, o que é do negócio é mantido à parte; o que é do autônomo como pessoa física é mantido à parte. Essa separação é necessária.

No início dessa Parte IV é preciso destacar os 60 tópicos apresentados na Parte I, que constituem o alicerce (a "Base Comum") para as opções elencadas para geração de renda, mesmo sendo (e principalmente em face do) ambiente de crise em que vivemos.

O tópico inicial é a microempresa individual (MEI).

[72] MICROEMPRESA INDIVIDUAL (MEI)

Criada pela lei complementar nº 128, de 19/12/2008, inserida na lei Geral da Micro e Pequena Empresa (lei complementar nº 123/2006), a figura jurídica da Microempresa Individual (MEI) tem como objetivo trazer trabalhadores informais (autônomos ou freelancers) para os registros oficiais.

A MEI não precisa ter ponto ou sede para atuar, podendo ser instalada na própria residência do microempreendedor.

Ao cadastrar-se como MEI, o microempreendedor individual fornece sua localização; a Prefeitura autoriza gratuitamente a instalação.

Da mesma forma, as atividades desenvolvidas pelo MEI devem constar da tabela de ocupações publicada pela Prefeitura: constam as ocupações que podem ser exercidas sem exigência de Licença de Funcionamento e aquelas que só podem ser exercidas mediante Licença de Funcionamento. Há também atividades cujo exercício é proibido.

O SEBRAE dá orientação gratuitamente para o microempreendedor para formalização da MEI.

Não é permitida a formação de sociedade com a MEI. A MEI pode contratar um empregado com registro conforme a CLT. É enquadrada no Simples Nacional, com obrigatoriedade de fazer a declaração anual simplificada, em que somente o valor do faturamento bruto no ano anterior é informado. O MEI é isento de recolhimento de tributos federais (Imposto de Renda, PIS, COFINS, IPI e CSLL). PIS significa Programa de Integração Social; COFINS – Contribuição para o Financiamento da Seguridade Social; IPI – Imposto sobre Produtos Industrializados; CSLL – Contribuição Social sobre o Lucro Líquido.

Por que é vantajoso para o autônomo (ou freelancer, que atua sem registro) tornar-se MEI (microempreendedor individual)? Ele continua a atuar como autônomo ou freelancer da mesma maneira que fazia, só que agora com registro na Prefeitura, com CNPJ atribuído automaticamente (Cadastro Nacional de Pessoa Jurídica) e com inscrição na Junta Comercial, sem precisar encaminhar qualquer documento. O MEI pode emitir nota fiscal, pode efetuar venda com cartão de crédito, tem acesso aos benefícios do INSS, é dispensado de pagamento de honorários para abertura da microempresa individual (MEI) e do pagamento de impostos, tem direito a empréstimos com juros baixos, é dispensado de análise de crédito para formalização de empréstimo.

Há condições para atuação como MEI? Sim, há cinco condições:

[1] Exige-se idade mínima de 16 anos (desde que legalmente emancipado até completar 18 anos);

[2] Trabalhar por conta própria;

[3] Ter faturamento de até 81 mil reais por ano (equivalente a 6.750 reais por mês) – esse é o valor válido em 2023;

[4] Não ser sócio ou titular de outra empresa;
[5] Possuir no máximo um empregado.

Com relação à emissão de notas fiscais (citada acima): o MEI deve emitir obrigatoriamente nota fiscal nas vendas e nas prestações de serviços realizadas para pessoas jurídicas de qualquer porte. Porém, é dispensado da emissão para o consumidor pessoa física.

Mensalmente, a MEI paga 5% sobre o salário mínimo (INSS), acrescido de R$ 5,00 (para Prestadores de serviço) ou R$ 1,00 (para Comércio e Indústria) por meio de carnê emitido no Portal do Empreendedor. Esses valores são atualizados anualmente, de acordo com o salário mínimo. Com essas contribuições, o microempreendedor individual tem direito a benefícios como auxílio maternidade, auxílio doença, aposentadoria, dentre outros.

Fonte: prefeitura.sp.gov/cidade/secretarias/desenvolvimento/mei.

[73] A EMPRESA E SEUS OBJETIVOS

Antonio Cesar Amaru Maximiano (professor e pesquisador da FEA/USP, 1947-) define empresa como "uma iniciativa que tem o objetivo de fornecer produtos e serviços para atender as necessidades de pessoas, ou de mercados, e com isso obter lucro. Para obter lucro e atender o compromisso com sua prosperidade, o empreendedor precisa adquirir recursos, estruturar um sistema de operações e assumir um compromisso com a satisfação do cliente"[39].

A definição de Maximiano apresenta os elementos essenciais de uma empresa de propósito geral: o objetivo é fornecer algum produto ou serviço, com vista à obtenção de lucro, que remunera seus investidores. Produto ou serviço, produzido ou elaborado com tal qualidade que atenda aos seus clientes.

[74] O EMPREENDEDOR E O EMPRESÁRIO

Este tópico estabelece a distinção entre empreendedor e empresário. O empreendedor é quem concebe e constrói empresas. Ao fazer isso, ele torna-se empresário. O empresário – como aquele que administra uma empresa – não necessariamente foi o criador da empresa; pode ter sido designado para a função de administrá-la. Dessa forma, um empresário pode não ter espírito empreendedor. Normalmente, o empreendedor torna-se empresário.

[74.1] EMPREENDEDOR

Roberto Ferrari[40] (professor da UFSCarlos) define empreendedor como "aquele que aceita a responsabilidade de construir empresas, cidades e países. É aquele que considera que é seu papel transformar a sociedade". O empreendedor tem iniciativa, procura exercer influência, não se acomoda. Não se conforma com situações adversas. Diante dessas condições, ele vai atrás de superar os problemas. O empreendedor é um visionário, no sentido do conceito de "visão do futuro" citado no tópico [6] da Parte I (Base Comum).

[74.2] HABILIDADES DO EMPREENDEDOR

Vamos repassar neste item, como reforço, pontos listados no tópico [25] Espírito Empreendedor. Afinal, são habilidades requeridas da pessoa empreendedora.

A primeira das quais é a capacidade de assumir riscos. Uma característica forte da atividade empreendedora é a incerteza envolvida: não há como garantir sucesso em um negócio. É óbvio que a identificação antecipada dos fatores críticos de sucesso permite que o empreendedor os monitore, com maior chance de atenuação de seus efeitos se ocorrerem.

A habilidade de detectar oportunidades de negócio é outra característica do empreendedor de sucesso. Perceber oportunidades e antecipar-se aos concorrentes é vital para o sucesso do empreendedor. Quem toma a dianteira em um negócio leva vantagem sobre a concorrência.

O conhecimento da área de atuação do negócio possibilita melhores decisões – por isso esse conhecimento é exigido.

Outra habilidade do empreendedor é o senso de organização: tomar um processo com alguma redundância de passos e outros ações desnecessárias exige que o empreendedor o simplifique, o racionalize, o organize.

O empreendedor trabalha com equipe, equipe precisa de um líder; o empreendedor precisa assumir esse papel.

O empreendedor é agente de seu próprio sucesso: a capacidade que o move é a busca da sua realização.

A essência do empreendedor é a confiança no que faz; por isso o empreendedor é otimista.

A percepção de oportunidades que se apresentam diante das pessoas não é notada por todos; o empreendedor se destaca pelo seu tino empresarial.

[74.3] EMPRESÁRIO

Empresário, segundo Houaiss e Villar, é "aquele que é dono ou dirigente de uma empresa (organização), ou que opera no agenciamento de negócios"[41]. Observe que o sentido da palavra empresário é mais restrito. Podemos encontrar empresário que não tem espírito empreendedor. O empreendedor pode vir a tornar-se empresário e ter excelente atuação como tal.

Portanto, reforçando o papel do empreendedor, segundo Roberto Ferrari[42]:

— Aceita ser chamado para ser líder; considera que é sua responsabilidade transformar a sociedade;

— Escolhe ter papel ativo na construção de seu futuro; constrói visões positivas para o futuro; faz planos para o futuro; toma decisões focando o futuro; transforma o futuro;

— Estabelece metas de longo, médio e curto prazo; verifica o cumprimento de metas sistematicamente;

— Vive em busca de oportunidades;

— Não copia opiniões e valores; mantém a independência;

— Consegue assimilar derrotas; persiste;

— Assume riscos calculados;

— É capaz de se relacionar; forma rede de relacionamentos; exerce liderança com base em bom relacionamento com as pessoas;

— Forma equipes; enxerga as pessoas como o principal componente das soluções;

— Demonstra capacidade de comunicação e persuasão; carisma;

— Inspira sonhos elevados nas pessoas; por onde passa, espalha otimismo e esperança;

— *Sonha, mas também faz planos e os executa; trabalha; dá o seu melhor em qualquer tipo de atividade.*

[75] CLASSIFICAÇÃO DAS EMPRESAS PELO PORTE

As empresas podem ser segmentadas de acordo com diferentes critérios, como o número de empregados e o faturamento anual (os valores apresentados a seguir estão sujeitos a atualizações), em:
- *Microempresas (ME):* receita bruta igual ou inferior a R$ 360.000,00.
- *Pequenas Empresas (EPP):* receita bruta superior a R$ 360.000,00 e igual ou inferior a R$ 4.800.000,00.

As ME e as EPP podem optar pelo Sistema Integrado de Pagamento de Impostos e Contribuições das Microempresas e das Empresas de Pequeno Porte, conhecido como Simples Nacional, instituído em 1997 pela lei nº 9.317, de 1996.
- *Empresas de Porte Médio (EPM):* é caracterizada pela quantidade de empregados que ela possui, segundo o IBGE. Se for indústria, é considerada como média empresa se tiver de 100 a 499 empregados. Caso ela seja uma empresa comercial ou de serviços ela poderá ter de 50 a 99 empregados para ser considerada uma empresa de porte médio. Ela também poderá ser considerada média se tiver de receita bruta anual até R$ 12.000.000,00.
- *Empresas de Grande Porte (EGP):* segundo o IBGE, se for do ramo industrial, a empresa é considerada de grande porte se tiver mais de 500 empregados; se for do ramo de Comércio ou Serviços, se tiver mais de 100 empregados. Mas não existe fundamentação legal sobre a classificação por quantidade de empregados. Há leis que estabelecem as condições para uma empresa ser EGP. Por exemplo, a Lei nº 10.165, de 27/12/2000, estabelece que a empresa é de grande porte se tiver receita bruta anual superior a R$ 12.000.000,00.

Resumindo[43]:
- *Microempresa*
  - *Receita bruta anual igual ou inferior aa 96000 UFIR;*
  - *0 a 19 (Indústria); 0 a 9 (Comércio e Serviços)*
- *Pequeno Porte*
  - *20 a 99 (Indústria); 10 a 49 (Comércio e Serviços)*

- Médio Porte
  - 100 a 499 (Indústria); 50 a 99 (Comércio e Serviços)
- Grande Porte
  - Acima de 500 (Indústria); acima de 100 (Comércio e Serviços).

[76] IMPORTÂNCIA DAS MICROEMPRESAS

A medida da importância das microempresas para a economia do país pode ser estimada pelos seguintes dados: as microempresas são responsáveis por 52% da oferta de empregos formais (2012). Além disso, 99% do número de estabelecimentos produtivos são de microempresas (2012). Essa é a razão por que o governo apoia esse segmento e destina recursos e atenção às microempresas. Dados disponíveis em sebrae.com.br; acesso em 3/2/2021.

[77] TIPOS DE EMPRESAS

Dentre os tipos de empresas, podem ser citados os cinco:

[1] *Empresa Tradicional*: é aquela que tem finalidade econômica, ou seja, de obter lucro por meio de atividades de transformação e fornecimento de produtos ou serviços; por exemplo, as que atuam no comércio, na indústria, no transporte, no turismo, na educação, etc.

[2] *Empresa Familiar*: é uma variante da empresa tradicional, mas com o objetivo de melhorar a condição socioeconômica de uma família. As tarefas iniciais são divididas entre membros da família. Com o passar do tempo, é necessário tratar da participação de descendentes e seus cônjuges, a divisão dos lucros.

[3] *Franquia (ou Franchising Empresarial)*: é o sistema de organização empresarial em que um franqueador (detentor da marca e do método de trabalho licenciado a terceiros) cede a um franqueado (autorizado a usar a marca; pessoa física ou jurídica que adquire o direito de uso da marca e do método de trabalho) o direito de uso de marca ou patente, com o direito de comercialização exclusiva ou semiexclusiva de produtos ou serviços. O franqueado remunera direta ou indiretamente o franqueador (por meio de pagamento inicial ou mensal), sem que haja vínculo empregatício. A adesão à rede de franquia implica que o fran-

queado opera com a marca do franqueador, obedecendo aos padrões estabelecidos e supervisionados por este.

[4] *Escritório Doméstico (Home Office):* é o trabalho profissional realizado em casa. É a forma como as micro e pequenas empresas iniciam sua operação. Ramos de atividades usuais: cosméticos, contabilidade, alimentos, confecções, publicidade, computação gráfica, consultorias de modo geral.

[5] *Cooperativas:* é a sociedade de pessoas com interesses comuns, com natureza jurídica própria, formada para prestar serviços a seus associados (os cooperados). O cooperado é ao mesmo tempo dono (administra a empresa) e usuário da cooperativa (utiliza seus serviços). Esse tipo de sociedade é regulado pela Lei 5.764, de 16/12/1971. O controle é democrático: cada cooperado tem direito a um voto nas assembleias. A cooperativa é constituída por intermédio da assembleia dos fundadores e seus atos constitutivos devem ser arquivados na Junta Comercial e publicados. Não está sujeita à falência. Não é permitida a transferência das quotas-parte a terceiros, estranhos à sociedade, mesmo por herança. É obrigatória a palavra "cooperativa" em seu nome. Quatro exemplos de cooperativas: **[1]** *Cooperativa Agropecuária* – reúne produtores rurais; os serviços oferecidos podem ser: a compra coletiva de insumos, a venda em comum da produção dos cooperados, a prestação de assistência técnica, armazenagem e industrialização da produção, etc.; **[2]** *Cooperativa Habitacional* – reúne pessoas que precisam de moradia; serviços oferecidos: aquisição de terreno e construção de casas ou prédios residenciais; **[3]** *Cooperativa de Trabalho* – reúne trabalhadores; serviços oferecidos: conseguir clientes ou trabalho para os cooperados, prover capacitação e treinamento técnico para os cooperados, intermediar a relação com os contratantes, etc.; **[4]** *Cooperativa de Saúde* – reúne profissionais ou usuários de saúde. Estão no mesmo ramo as cooperativas de trabalho (médicos, dentistas, etc.) e as cooperativas de consumo (consumidores de planos de saúde)[39].

[78] CLASSIFICAÇÃO DE EMPRESAS POR SETOR DE ATUAÇÃO

Considerando o setor de atuação, as empresas classificam-se em:

[1] *Empresas Industriais:* transformam matérias-primas em produtos;
[2] *Empresas Comerciais:* vendem produtos.
[3] *Empresas de Prestação de Serviços:* ofertam o próprio trabalho. As empresas da área de desenvolvimento de software *(software houses)* são empresas do ramo de serviços.

[79] NICHOS DE MERCADO

Os nichos são segmentos da clientela de um dado mercado que não são atendidos pelas empresas atuantes. Isso pode ocorrer em razão de o segmento (número de clientes) ser pequeno ou gerar faturamento que não seja atrativo para os concorrentes já consolidados ou maiores, ou não ser área prioritária para eles. O atendimento dessa clientela pode constituir-se oportunidade para um autônomo ou para uma nova empresa instalar-se.

Na área de empreendedorismo trabalha-se com a ideia de identificar nichos de mercado pela maior chance de que a nova empresa se consolide, já que vai atuar em um segmento não ocupado por concorrentes. A chance de a empresa consolidar-se é maior. Consolidada, fortalecida pela ocupação de espaço e pela conquista de clientes, pode passar para embates mais difíceis com concorrentes mais fortes. Se houver a decisão de instalar-se para atuar em segmento com forte concorrência atuante, essa chance diminui bastante.

Uma boa forma de propor um plano de negócio é por meio da identificação de um nicho de mercado. É óbvio que a chance de sucesso do novo empreendimento é maior se o nicho de mercado for bem identificado. Para uma empresa instalar-se em um mercado, é melhor que ela procure diferenciar-se de alguma forma em relação àquelas já instaladas, pela oferta de produto ou serviço que venha ao encontro de necessidades percebidas, mas que as atuantes no mercado não ocuparam ou não têm interesse em atender. Há situações em que uma empresa decide não atuar em dado segmento por limitação do mercado.

Importância de a microempresa ou pequena empresa começar por um nicho de mercado: as empresas instaladas não têm interesse ou ainda não perceberam a oportunidade existente; a pequena empresa pode consolidar-se no mercado a partir de um nicho, expandindo-se depois para outros mercados.

[80] PREVISIBILIDADE DE NEGÓCIOS DE SUCESSO

É preciso que o autônomo saiba disso. Não é possível assegurar antecipadamente que um nicho de mercado identificado venha a constituir efetivamente em um negócio de sucesso. Este tópico objetiva realçar este aspecto: não é possível prever sucesso na área de negócios.

É óbvio que é possível relacionar elementos indutores de sucesso: quando eles estão presentes, o sucesso se torna mais provável. Assim como há elementos que, quando presentes, inevitavelmente levam ao fracasso. Estes dois grupos de fatores são listados adiante.

Por que ocorre então a imprevisibilidade de sucesso citada acima?

É da própria natureza dos mercados competitivos não haver previsibilidade de sucesso, pois se fosse assim as empresas ou os negócios previsíveis seriam derrotados facilmente. Por isso, toda empresa tem interesse intrínseco em comportar-se de maneira altamente imprevisível. Qual é a complexidade envolvida para não haver a previsão de sucesso antecipada? A resposta para essa questão é o número de variáveis envolvidas, a maioria delas sem possibilidade de antecipação e controle por parte do profissional autônomo ou empreendedor. Desse modo, esse obstáculo está associado ao desafio computacional existente em qualquer sistema com grande número de possíveis resultados.

Baseado na teoria da complexidade: mesmo os sistemas plenamente determinados e que não conseguem esgotar nossas capacidades computacionais ainda são capazes de gerar resultados extremamente aleatórios. Por que isso acontece? Ora, não há controle possível sobre tudo o que pode acontecer.

[81] FATORES INDUTORES DE SUCESSO EM NEGÓCIOS

Para que um negócio se sustente e cresça, é necessário que alguns fatores estejam presentes. Em síntese, os mais importantes sustentáculos (garantidores da sobrevivência, garantidores do fortalecimento) de um negócio são os nove seguintes:

[a] Qualidade total de produtos e serviços oferecidos; [b] Estratégias de *marketing* efetivas; [c] Valorização do pessoal efetivado por meio treinamento frequente, concessão de gratificações, bom ambiente de trabalho – iluminação, refrigeração, mobiliário, etc.; [d] Inovação; [e] Planejamento, acompanhamento e controle dos projetos executados; [f] Experiência prévia e/ou maior escolaridade do empreendedor; [g] Disponibilidade de reserva para contingências; [h] Suporte profissional e treinamento disponível (quando necessário); [i] Prioridade às demandas dos clientes.

Na Parte I (Base Comum) foram apresentados tópicos que contam do item [a] e do item [b] acima; eles receberam a numeração seguinte: [16] Qualidade Total e [17] Marketing.

Com a "Qualidade Total", tem-se a preocupação com os requisitos de qualidade exigidos em todas as etapas do processo de produção ou de elaboração do serviço.

De nada adianta ter um produto ou um serviço primoroso se os potenciais clientes não o conhecem. Daí a importância das ações para divulgação do que a empresa faz: daí a importância do "Marketing".

Outro fator relevante é a valorização do pessoal envolvido na produção ou na execução do serviço. É necessário manter o quadro de colaboradores motivados para o trabalho, de modo que a qualidade oferecida pela empresa se mantenha e até seja ampliada. Isso pode ser feito por meio de programas de treinamento, disponibilidade de ambiente de trabalho agradável, oferta de planos de saúde, concessão de gratificações ou recompensas por metas atingidas. Este fator foi descrito no tópico [32] ("Motivação" da Parte I, Base Comum), e abordado no tópico [54] ("Capital Humano").

A gestão do negócio deve ser realizada com base em ações de planejamento, em um sistema de informações eficaz para apoiar a tomada de decisões, e ações de acompanhamento e de controle das operações. Este fator foi explorado por meio dos seguintes tópicos da Parte I: [23] – Liderança; [30] – Gestão Excelente; e [63] – O Poder da Equipe.

Outro fator que se pode acrescentar é o compromisso com a inovação de processos e de métodos de trabalho e com a atualização tecnológica. Estes pontos foram abordados na Parte I – Base Comum por meio dos seguintes tópicos: [10] – Inovação; [12] – Criatividade; [18] – Paradigma; [25] – Atualização Permanente; [57] – Atualização Tecnológica.

[82] CAUSAS DE FRACASSO DE NOVOS NEGÓCIOS

Um em cada quatro novos negócios não sobrevive ao segundo ano de operação: vão à falência. É preciso saber por que isso acontece para prevenir-se. Na maior parte das vezes a falência decorre de combinação de vários fatores.

São listados a seguir fatores determinantes de fracasso de novos negócios. Com frequência, como afirmado, o que leva à falência de uma empresa é uma combinação desses onze fatores:

[1] *Falta de Recursos Financeiros*: falta de recursos financeiros para investimento, para capital de giro (capital de giro é o capital necessário para manter a continuidade das operações da empresa; por exemplo, recurso para manter estoque, para pagar fornecedor) e para fluxo de caixa (fluxo de caixa: refere-se ao fluxo do dinheiro no caixa da empresa, ou seja, ao montante de dinheiro recebido [disponível para efetuar pagamentos] e gasto por uma empresa durante um período de tempo definido, algumas vezes ligado a um projeto específico; o fluxo de caixa refere-se ao movimento de dinheiro no período passado, enquanto o orçamento é o seu equivalente para períodos futuros);

[2] *Baixa Lucratividade*: a lucratividade esperada não se confirmou em razão de custos não estimados corretamente, ou por efeitos da força da concorrência;

[3] *Limitação do Mercado*: os clientes potenciais esperados que a empresa presumia conquistar não aderiram a ela, em face, por exemplo, de a concorrência estar fortemente estabelecida ou mesmo em razão de limitações do mercado;

[4] *Efeitos da Concorrência*: quem se instala primeiro leva vantagem na conquista de clientes; os preços, os tempos de atendimento e a qualidade do trabalho oferecido pelos concorrentes fidelizam os clientes; isso dificulta a conquista desses clientes por quem acaba de se instalar no mercado; produtos ou serviços oferecidos pelos concorrentes têm

boa qualidade, e é difícil desalojá-los do mercado. Em suma, a concorrência é mais forte e está mais bem estabelecida do que se imaginava;

[5] *Má Localização*: para certos tipos de negócios, é determinante a localização da empresa; é o caso de comércio, empresa da área de treinamento. A facilidade de transporte público nas imediações da empresa, de estacionamento, de proximidade de local onde estão os clientes potenciais da empresa;

[6] *Falta de Dedicação, de Conhecimento da Área Associada ao Negócio*: a fase inicial de implantação da empresa exige a presença e o envolvimento do empreendedor; se ele não dispõe de tempo nessa fase, isso pode comprometer a consolidação da empresa; o empreendedor pode não ter interesse em dedicar-se a determinadas atividades impostas pelo negócio; ou pode não ter o conhecimento necessário para garantir a operação correta do negócio e nem o interesse em investir na aprendizagem;

[7] *Falta de Tempo*: a tentativa de iniciar um negócio compartilhando com outras ocupações (mesmo, com emprego) são determinantes de fracasso; na fase inicial de implantação de um negócio há demanda de trabalho que só quem se dedique integralmente consegue, a menos que se disponha de uma equipe de colaboradores eficaz e motivada;

[8] *Instabilidade Econômica*: períodos de crise econômica são desfavoráveis à implantação de novos negócios; ocasionais retrações da economia são determinantes de fechamento de negócios;

[9] *Sócios Mal Escolhidos*: a escolha de um sócio é questão relevante pelas implicações sobre afinidades pessoais, interesses particulares; características particulares são determinantes para sucesso de uma sociedade: os interesses de atuação de cada sócio e as habilidades que possuem; a situação ideal é que cada sócio possa atuar na área em que reúna mais qualificação ou habilidades pessoais; é interessante que os sócios cuidem de áreas diferentes, com bom desempenho, para, no fim, a sociedade beneficiar-se do trabalho de cada;

[10] *Falta de Divulgação*: de nada adianta ter um bom produto ou serviço a oferecer se o mercado em que a empresa atua não tem ciência disso;

[11] *Qualificação da Equipe*: é vital que o pessoal seja capacitado para as tarefas sob sua responsabilidade.

A questão primordial que o empreendedor deve atentar depois da implantação de seu negócio (de sua empresa) é garantir que ele sobreviva. Lembrando: é o mesmo cuidado que se deve ter com uma planta tenra, que precisa de cuidados especiais, de atenção do dono, até que se fortaleça. No caso de um negócio em implantação, a conquista dos primeiros clientes, o esforço para fidelizar esses clientes, o trabalho para conseguir novos sem perder os já conquistados.

Eder Luiz Bolson[44] fez uma lista bem maior, com quarenta causas de fracasso. Dentre as não citadas acima, podemos mencionar: falta de planejamento financeiro; descontrole na liberação de créditos aos clientes; número excessivo de vendas a prazo ou com prazos muito longos; falhas no sistema de cobrança; má negociação de empréstimos feitos; má negociação com fornecedores; dispersão de ações – não focadas no negócio principal; descontrole com impostos e taxas a serem recolhidas; relutância em recorrer a consultorias especializadas, em questões como jurídicas, tributárias e outras; inexperiência gerencial; perda de colaboradores importantes; conflitos entre gerência e subordinados; desmotivação do pessoal; descontrole com custos operacionais; má gestão da área trabalhista (saúde, segurança, direitos); desatenção a mudanças no mercado em que atua; estrutura de produção ou de vendas não acompanha o crescimento da empresa; falta de ousadia na condução do negócio; falhas no controle de qualidade dos produtos e dos serviços; falhas na prestação de serviços aos clientes; marketing deficiente (imagem da empresa, preço, clientela); falhas no controle de estoque; desatenção a mudanças de legislação; receita muito dependente de órgãos públicos; dependência tecnológica para operar; defasagem tecnológica de produtos ou serviços oferecidos.

[83] DESAFIOS DA EXCELÊNCIA DA QUALIDADE: 5S e 10S

Os japoneses nos ensinaram que a qualidade pode ser conseguida com atitudes simples. Com a aplicação do método "5S", pode-se melhorar muito a gestão da qualidade. Essa abordagem mostra, de maneira clara, que a simplicidade é a grande meta a perseguir. Aplicando o que preceitua cada um dos cinco "S", atingiremos bom nível de qualidade nos produtos/serviços que desenvolvemos.

[1] O princípio "Seiri" (senso de utilização) propugna que se tenha somente o necessário, na quantidade certa; o excesso deve ser descartado. Isso vale para itens estocados em geral como também para papéis e utensílios que não descartamos, com o temor de um dia utilizarmos. Ao cabo de um, dois anos, percebemos a inutilidade de ter conservado aquelas coisas. Benefícios: liberação de espaço; evitar compras desnecessárias.

[2] O princípio "Seiton" (senso de arrumação) preceitua que devemos manter arrumadas nossas ferramentas de trabalho, nossos livros, CDs, DVDs, revistas. Deve haver "um lugar certo para cada coisa, e cada coisa deve ser mantida no seu lugar". Veja: quanto não se ganha de tempo com esse preceito que, de tão simples, não entendemos por que não o empregamos sempre! Quando não o observamos, o resultado são situações estressantes: temos pressa em utilizar algo, não o encontramos pela desorganização, o estresse nos acomete. Benefícios: redução do tempo de busca do que se deseja; produtividade maior.

[3] O princípio "Seisoh" (senso de limpeza) estabelece que nosso ambiente de trabalho deve ser mantido sempre limpo, higienizado, com um cesto à mão para os descartes necessários, paredes com pintura renovada, ventilado, arejado, sonorizado agradavelmente. Benefícios: ambiente de trabalho agradável; melhor imagem da empresa.

[4] O princípio "Seiketsu" (senso de normalização) defende que nos conservemos mentalmente obedientes às normas e sistemáticas estabelecidas, concentrados no que temos que fazer. Por não aplicar essa regra, desperdiçamos muito de nosso tempo e de nosso trabalho (que precisa ser refeito quando não é desperdiçado completamente). O sociólogo italiano Domenico de Masi chega a acrescentar a necessidade de intervalos generosos de tempo para a reflexão, para o pensamento, até mesmo para o ócio; é quando as portas para a criatividade são abertas, para a percepção de coisas que a hiperatividade não permite enxergar[45,46]. Portanto, é recomendável a quebra de rotina, com fatias de tempo destinados a coisas não convencionais. Benefícios: prevenção de acidentes; motivação pessoal; melhoria da qualidade de vida.

[5] O princípio "Shitsuke" (senso de autodisciplina) traz a necessidade da disposição para o cumprimento de regras, de normas, de rotinas de trabalho, obediência à ética e aos padrões da empresa. Mas não só isso. Este princípio vai além, porque busca o aperfeiçoamento, a melhoria constante. Uma norma estabelecida pode ser mudada, se se comprova que pode ser melhorada. Novas formas de trabalho são bem-vindas. Busca-se a melhoria contínua. Benefícios: obediência a requisitos de qualidade; desenvolvimento pessoal.

Percebo que fazer o simples é o mais difícil de conseguir; quando não dominamos algo suficientemente bem, o caminho que escolhemos é sempre o mais complexo, e que, por isso, precisará de ajustes adiante. Até chegarmos ao simples, que era o nosso alvo. Portanto, chegar ao método simples para fazer algo exige conhecimento, maturidade, aplicação, avaliação, várias tentativas.

Com o tempo, o método "5S" foi ampliado para "10S", incorporando cinco outros sensos antes não considerados[47]:

[6] O princípio "Shikari Yaro" (senso de determinação e união) diz respeito ao trabalho em equipe, elemento imprescindível na organização moderna, em que cada participante acrescenta suas habilidades pessoais em favor do trabalho da equipe. Manter a cultura organizacional, a motivação, o exercício da liderança. Benefícios: melhoria das relações interpessoais; fortalecimento do sentimento de grupo.

[7] O princípio "Shido" (senso de capacitação, de treinamento) refere-se às habilidades que cada membro agrega à equipe após programas de capacitação, habilitando-o a desenvolver o trabalho de que foi incumbido, e garantindo maior empregabilidade. Benefícios: desenvolvimento de talentos; empregabilidade; maior produtividade.

[8] O princípio "Setsuyaku" (senso de economia e de eliminação de desperdícios) está associado ao combate a desperdícios de toda natureza que possam ser encontrados na empresa. Benefícios: redução de desperdícios.

[9] O princípio "Shisei Rinri" (senso de princípios morais e éticos) diz respeito ao compromisso com padrões éticos, identificando a conduta correta dos empregados, e restrita obediência à legislação vigente. Benefícios: cumprimento dos padrões de conduta; eliminação da corrupção como prática no ambiente da empresa; conduta ética com clientes e fornecedores.

[10] O princípio "Sekinin Shakai" (senso de responsabilidade social) refere-se ao compromisso da empresa com a sociedade, suas carências, seus problemas. Esse princípio, portanto, vai além do pagamento de impostos e tributos e da obediência à legislação trabalhista, ambiental. Benefícios: melhora a imagem da empresa; melhora a sociedade em que a empresa está inserida.

[84] OS DEZ PRINCÍPIOS DA QUALIDADE

Extraí o decálogo abaixo de ANTONIONI, J. e ROSA, N. B. "Qualidade em Software: Manual de Aplicação da ISO-9000". São Paulo: Makron, 1995, 108p. Os autores citam que o decálogo (decálogo significa dez normas ou princípios) faz parte do Manual dos Princípios da Qualidade, do SEBRAE (sem referências maiores acerca da obra). Reproduzo abaixo o decálogo (SEBRAE) [Antonioni e Rosa, 1995], com meus comentários:

[1] *Total Satisfação dos Clientes*: o cliente é a principal razão da existência de uma empresa. Deve ser tratado com toda deferência possível. É atendido, sendo possível, em todas as suas necessidades. Quando houver algum obstáculo para atendê-lo, o empreendedor deve procurar esclarecer as razões do não cumprimento. A capacidade de comunicação e a capacidade de argumentação são exigidas do empreendedor para explicar suas razões de forma compreensível aos clientes.

É importante ressaltar que o empreendedor deve planejar sempre suas interações com os clientes. Havendo algum compromisso assumido, deve ser cumprido rigorosamente. Caso haja algum impedimento de última hora de parte do empreendedor em resgatar esse compromisso, ele deve contatar de alguma forma (por telefone, por e-mail), notificando-lhe do ocorrido e procurando marcar nova data. Da mesma forma, assumido o compromisso de entrega de algum artefato (relatório, consulta ou qualquer outro documento), percebendo-se sua impossibilidade de atendê-lo, o empreendedor deve procurar notificá-lo o mais cedo possível, explicando-lhe as razões da quebra da data e negociando novo prazo. Não é nem preciso dizer que a nova data deve constituir para o empreendedor um marco impostergável. É interessante como esse padrão de comportamento é relevado pelos profissionais em início de carreira. Com o passar dos anos, eles se dão conta da importância de prezar sua palavra empenhada.

[2] *Gerência Participativa*: estimular que todos apresentem sugestões, opiniões; valorizar as ideias apresentadas pelos colaboradores; destinar recursos para a implementação das ideias melhor avaliadas.

[3] *Desenvolvimento de Recursos Humanos*: valorização do pessoal, buscando a motivação de todos; ênfase forte na qualificação do pessoal; adotar a política de treinamento constante.

[4] *Constância de Propósitos*: objetivos claros e metas bem definidas; cada colaborador deve saber exatamente o que se espera dele na consecução dos objetivos organizacionais. Quadros com esses objetivos expressos em poucas palavras devem ser fixados nas paredes para trazer sempre a lembrança os compromissos de todos.

[5] *Aperfeiçoamento Contínuo*: buscar a melhoria contínua, inovar, assumir o desafio de experimentar novas abordagens, novos métodos, novas ferramentas, com vista a melhorar o processo, a fazer mais rapidamente, com melhor qualidade, com menos recursos;

[6] *Gerência de Processos*. Os processos precisam ser gerenciados: aqui o instrumento da medição deve prevalecer, possibilitando comparações de resultados obtidos com as médias de produtividade documentadas em projetos anteriores. Essa sistemática (quantitativa) dá mais valor para o processo de avaliação.

[7] *Delegação*: o poder de decisão o mais perto de onde ocorre a ação. Ao gerente, feita a delegação, cabe o acompanhamento e o controle indissociável das ações delegadas.

[8] *Disseminação de Informações*: o propósito é garantir transparência e agilidade às decisões. Canais de disseminação de informações devem ser previstos de modo que as decisões cheguem a todos que delas precisem tomar ciência.

[9] *Garantia da Qualidade (Padronização e Documentação)*. O objetivo é "fazer certo sempre"; processos estáveis, normas e procedimentos formalizados garantem isto;

[10] *Não Aceitação de Erros*: buscar "zero erro". A ocorrência de erros é fato determinante da análise criteriosa em busca de sua causa, para que sua reincidência seja inibida.

[85] SUPORTE PARA NOVOS NEGÓCIOS

Com relação aos sistemas existentes para suporte ao desenvolvimento de novos negócios, as três instâncias de governo têm interesse na criação de ambiente favorável ao empreendedorismo e à inovação, em que, não só haja formação com base tecnológica, como também o incentivo com a disponibilidade de recursos para quem deseja empreender. Isso significa riqueza para o município, para o estado e para o país, na forma de mais emprego, de mais competitividade, de mais atividade econômica e, consequentemente, mais crescimento e mais impostos.

Aliam-se às instâncias de governo, as próprias forças produtivas – as federações da indústria, do comércio, as associações de classe – os organismos autônomos como o SEBRAE – que auxiliam o desenvolvimento de micro e pequenas empresas, as incubadoras de base tecnológicas ligadas às instituições de ensino superior, como exemplo a Universitec (UFPA).

[86] PLANO DE NEGÓCIO

Plano de negócio é o documento por meio do qual o empreendedor fornece informações sobre o negócio que pretende iniciar. A elaboração do documento é necessária para obtenção de investimentos por parte de agências de fomento (municipal, estadual ou federal) ou incubadoras de empresas existentes em instituições de ensino que incentivem o empreendedorismo. Com base em análise do plano de negócio é que investimentos são realizados pelos agentes financiadores, se julgarem que o negócio é atrativo. Outra situação em que se elabora plano de negócio é quando a empresa decide abrir nova área de atuação ou novo produto, ou decide atuar em novos mercados[17].

Constam dos modelos de negócio, basicamente as seguintes informações: definição clara do negócio (produto ou serviço que se pretende oferecer, estratégias que se pretende adotar), plano de marketing (forma de conquista de clientes para a empresa), estudo da concorrência instalada, investimentos exigidos pelo negócio, projeção de receita da novel empresa para um dado período de tempo (um ano, por exemplo), expectativa de despesas no período considerado e demonstrativo dos resultados obtidos, que atestam que o negócio é sustentável.

Ao elaborar o plano de negócio, o empreendedor se direciona a buscar todas as informações necessárias sobre seu produto ou serviço, a ficar ciente do potencial dos concorrentes que vai encontrar, a ter ciência dos prós e dos contras de seu produto ou serviço, e do da concorrência. Assim, ele pode avaliar a viabilidade de seu negócio antes de executá-lo. Sempre haverá incerteza, e isso é inevitável na área de negócios. Com o plano, busca-se diminuir essa incerteza.

Os modelos de plano de negócio são vários, dependendo dos agentes financiadores ou programas de incubação de empresas.

Tomemos um exemplo: o Programa de Incubação de Empresas de Base Tecnológica da UFPA (PIEBT) – chamado Universitec – oferece vagas para empresas associadas e para empresas residentes em suas instalações no Campus Universitário do Guamá. O objetivo do programa é oferecer apoio gerencial e tecnológico que leve à criação de empresas ou à consolidação de empresas existentes, desde que tenham base tecnológica. As áreas preferenciais de atuação do programa são Tecnologia da Informação e Comunicação (TIC), Biotecnologia, Produtos Naturais (alimentos, cosméticos, perfumaria, fitoterápicos), Tecnologia Mineral, Design, Energia e outras atividades da indústria de transformação[48].

O formulário constante do último edital da Agência requeria que as propostas tivessem base tecnológica, para projeto de produto, processo ou serviço, intensivos em conhecimento. As informações fornecidas pelo empreendedor para a seleção:

Descrição geral do negócio (Descrever, de forma objetiva: o que a empresa pretende fazer; qual mercado ou segmento pretende atingir; baseado em quais competências/experiências/tecnologias e estimulado por quais tendências de mercado)

E do produto/serviço (Descrever, para cada produto ou linha de produtos: as características detalhadas do produto em termos de função/aplicação; técnicas produtivas; infraestrutura de produção; vantagens competitivas; custo do produto, preço, histórico de vendas (se for

o caso); estimativa de vendas baseadas no valor potencial do mercado). (Item de preenchimento obrigatório e de caráter eliminatório).
O que o levou a buscar o apoio da incubadora e qual a sua expectativa?

Basicamente, o plano de negócio deve responder as oito seguintes questões: [1] qual é o negócio? [2] Que se pretende vender? [3] Para quem? [4] Qual é a concorrência instalada? [5] Quais as estratégias adotadas para produção e divulgação do produto? [6] Que investimento inicial é exigido pelo negócio? [7] Que retorno haverá sobre o investimento? [8] Quais são os fatores críticos de sucesso neste negócio?

[86.1] PLANO DE NEGÓCIO SIMPLIFICADO

O modelo a seguir foi proposto pelo Professor Fernando Dolabela em curso ministrado em Belo Horizonte há mais de 20 anos para representantes de cursos de ciência da computação do país. O compromisso dos participantes era com a introdução de disciplina relacionada à área de empreendedorismo nos currículos dos cursos. O plano contempla cinco itens:

[1] a definição do negócio,
[2] o plano de marketing,
[3] o estudo da concorrência,
[4] a relação dos investimentos necessários para a partida da empresa e
[5] a análise financeira, demonstrando a sustentabilidade do negócio após dado período de tempo (um ano ou dois). Veja a seguir o detalhamento desses itens, a partir do nome (proponha um nome original) para a empresa. Os demais itens devem ser devidamente escritos de forma clara, objetiva e sintética.

NOME DA EMPRESA:

1 – DEFINIÇÃO DO NEGÓCIO

1.1 – Qual é o negócio da empresa? (O motivo da sua criação)

1.2 – Qual é o ramo do negócio?

1.3 – Quais são os clientes? Perfil.

1.4 – Quais são as necessidades dos clientes?

1.5 – Qual será a forma de atender às necessidades dos clientes?

2 – PLANO DE MARKETING

2.1 – Descrição do produto.

2.2 – Qual é o diferencial, a vantagem competitiva?

2.3 – Definição do preço.

2.4 – Propaganda.

2.5 – Escolha do ponto. Distribuição do produto.

2.6 – Previsão de vendas (unidades).

3 – CONCORRÊNCIA – Analise a concorrência.

4 – INVESTIMENTOS (US $)

4.1 – Móveis e equipamentos

4.2 – Veículos

4.3 – Reformas (quando não for manutenção preventiva)

4.4 – Despesas pré-operacionais

4.5 – Outros

TOTAL:

5 – ANÁLISE FINANCEIRA (US $)

5.1 – Custos dos Produtos

[a] Custo do produto (material)

[b] Salários e encargos pessoal (da produção)

[c] Depreciação de máquinas de produção

[d] Manutenção de máquinas de produção

5.2 – Despesas Operacionais

[a] Salários e encargos pessoal (administrativo)

[b] Prestação de serviços (contador)

[c] Aluguel

[d] Manutenção (máquinas da administração)

[e] Comissão de vendedores/representantes

[f] Outros

TOTAL DOS CUSTOS

5.3 – RECEITA

[a] Preço de venda

[b] Quantidade vendida (prevista para o período do plano)

RECEITA TOTAL

5.4 – DEMONSTRATIVO DOS RESULTADOS

Discriminação	Valor
1 – Receita bruta de vendas	
2 – (-) Deduções da receita bruta (impostos 21%)	
3 – (=) Receita líquida de vendas	
4 – (-) Custos dos produtos vendidos (item 5.1)	
5 – (=) Margem de contribuição bruta	
6 – (-) Despesas operacionais	
7 – (=) Lucro operacional	
8 – (-) Imposto de renda (Lucro presumido calculado) sobre a receita bruta: 1,2%	
9 – Lucro líquido	

[86.2] EXPLICAÇÃO ACERCA DOS ITENS DO FORMULÁRIO

Explicação sobre os itens acima:
4.1 – Móveis e equipamentos necessários para a empresa iniciar suas operações;

Os itens 4.2 e 4.3 (autoexplicativos);

4.4 – Despesas pré-operacionais: despesas anteriores ao começo do funcionamento da empresa: por exemplo, assessoria contábil para elaboração do contrato e registros necessários (Receita Federal, Junta Comercial, Prefeitura, etc.);

4.5 – Outros: outras despesas que não se enquadram nos itens acima.

Explicação sobre os itens acima:

5.1 – Custos dos Produtos:

[a] Custo do produto (material): custo do material necessário à confecção/elaboração do produto;
[b] Salários e encargos pessoal (da produção): autoexplicativo;
[c] Depreciação de máquinas de produção: considerar uma taxa de depreciação de 10% ao ano, provisionando recursos para reposição de máquinas;
[d] Manutenção de máquinas de produção: provisionar recursos para manutenção das máquinas.

Explicação sobre os itens acima:

5.2 – Despesas Operacionais:

[a] Salários e encargos pessoal (administrativo): autoexplicativo;
[b] Prestação de serviços (contador): provisionar um salário mínimo;
[c] Aluguel: autoexplicativo;
[d] Manutenção (máquinas da administração): autoexplicativo;
[e] Comissões de vendedores e representantes: autoexplicativo;
[f] Outros: outras despesas que não se enquadrem nos itens anteriores.

Explicação sobre o item acima: totalizar os itens 5.1 e 5.2.

Atenção: deve-se considerar, para efeito de cálculos dos custos, um ano de projeção.

Explicação sobre os itens acima: 5.3 – Receita: a) Preço de venda: valor de venda do produto/serviço; b) Quantidade vendida: autoexplicativo.

Atenção: deve-se considerar, para efeito de cálculos da receita, um ano de projeção (mesmo período dos custos – itens 5.1 e 5.2 acima).

5.4 - DEMONSTRATIVO DOS RESULTADOS (autoexplicativo; obedecer ao roteiro constante do formulário).

[87] HIERARQUIA DE LIQUIDEZ DE ATIVOS

Como referido, liquidez é a medida da facilidade com que um ativo é convertido em dinheiro, em caso de necessidade. A maior liquidez é dispor do dinheiro em conta ou em espécie, acessível a qualquer momento pelo empreendedor para aproveitar situações de negócio.

Em seguida, o dinheiro aplicado em caderneta de poupança: nesse caso, pode haver perda da correção de dias se a retirada ocorrer próximo do aniversário da conta.

Em seguida, vêm os fundos de renda fixa; depois, vêm as ações em bolsa: o empreendedor pode vender as ações que dispuser pelo preço da cotação do dia da venda.

Após, vêm os imóveis urbanos: havendo necessidade de vendê-los, é preciso divulgar, e não é tão rápido que se consegue; se for imóvel rural, a liquidez ainda será menor – há mais dificuldade de vender do que os imóveis urbanos.

Os proprietários de negócios próprios têm mais dificuldade de se desfazer deles (liquidez mais baixa de todas as opções mencionadas)[49].

Para conseguir independência financeira, Mauro Halfeld[49] (professor e gestor de investimentos, 1964-) sugere que a pessoa procure ganhar cada vez mais dinheiro; isso implica não se acomodar em uma função, mas trabalhar para subir na hierarquia da empresa para ocupar funções mais importantes, com direito a remuneração melhor.

De nada adianta ganhar mais, se as despesas aumentarem proporcionalmente; ele recomenda que a poupança seja prática de todos os meses. Outra recomendação é fugir de dívidas.

Dessa forma, ganhando mais, e com controle dos gastos, o saldo mensal será maior. Esse saldo é então todo investido (de preferência em aplicações diversas) para buscar a independência financeira. Pelo menos 10% do rendimento mensal devem ser investidos.

Outro ponto: em algum momento, procurar planejar a compra da casa própria; outras despesas que ele recomenda é com o seguro de vida e o seguro saúde.

Ele recomenda que o investidor não desconsidere o presente em termos de usufruir o que a vida proporciona, com o consumo de bens que deseje, com viagens, etc. Não descuidar de aprofundar seus conhecimentos de Educação Financeira; se possível, contar com assessoria financeira em seus investimentos. Por fim, não se deve esquecer que o dinheiro é meio para conquistar algo, não é fim em si mesmo, pelo simples acúmulo.

VARIAÇÃO DAS PRINCIPAIS APLICAÇÕES – JANEIRO A DEZEMBRO DE 2016

Para que se tenha ideia de variação de rendimentos de aplicações ao longo de um ano, analise a Figura 1 (elaborada pelo consultor Fabio Colombo e pela Broadcast) com a variação das principais aplicações durante o ano de 2016. A bolsa, bem à frente das outras aplicações (38,94%); a poupança (líquida) (8,3%) como aplicação segura; dólar e ouro foram as piores aplicações do ano: respectivamente, 17,88% e 12,32%.

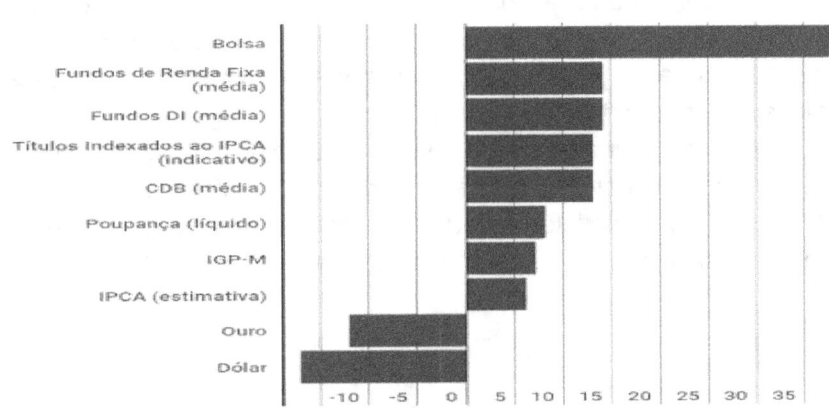

Fonte: Fábio Colombo e Broadcast

Figura 1. Variação das principais aplicações de janeiro a dezembro de 2016. Fonte identificada na figura.

Confrontando com os dados de 2017, vê-se que a bolsa caiu (de 38,94% em 2016 para 26,86% em 2017); o ouro que teve queda de 12,32% em 2016 valorizou-se em 13,89 em 2017; e dólar que tinha tido a maior queda em 2016 (17,69%), valorizou-se 1,99% em 2017.

O objetivo de trazer esses dados comparativos é mostrar que ocorre variação grande nos resultados de aplicações de um ano para o outro; duas sugestões para o empreendedor iniciante que dispuser de dinheiro para investir em aplicações de risco: recorrer à consultoria especializada na área financeira e procurar estudar mais o assunto. Ao fazer o investimento em bolsa, por exemplo, o agente encarregado coloca no documento de autorização da aplicação que o investidor tem ciência de que pode perder seu dinheiro, já que há risco envolvido na operação.

O Quadro 1 mostra um desafio para poupar dinheiro, por exemplo, com R$ 1 na 1ª semana, R$ 2 na 2ª semana, até 52ª semana (para fechar um ano). A terceira coluna seria a utilizada se, em vez de começar com R$ 1, você queira dobrar o valor: R$ 2. A quarta coluna apresenta o saldo do valor duplo depositado; a quinta coluna mostra o saldo do valor depositado, começando em R$ 1.

Observe que na 52ª semana, o valor acumulado é R$ 1.378 para o início com R$ 1; e R$ 2.756 para o início com R$ 2. Note que não estão sendo considerados juros e correção monetária, no caso de a aplicação ser feita em caderneta de poupança.

O Quadro 1 ilustra o poder da disciplina e da acumulação. Como R$ 1 é valor pequeno demais, refaça o quadro considerando o depósito inicial de R$ 5. Obtive na internet (autoria desconhecida); vi que circula nos Estados Unidos (claro, com referência ao dólar).

Quadro 1. Acumulação da Poupança por um Ano.

Semana	Valor depositado (R$)	Valor duplo depositado (R$)	Saldo da conta duplo (R$)	Saldo da conta (R$)
1	1	2	2	1,00
2	2	4	6	3,00
3	3	6	12	6,00
4	4	8	20	10,00
5	5	10	30	15,00
6	6	12	42	21,00
7	7	14	56	28,00
8	8	16	72	36,00
9	9	18	90	45,00
10	10	20	110	55,00
11	11	22	132	66,00
12	12	24	156	78,00
13	13	26	182	91,00
14	14	28	210	105,00
15	15	30	240	120,00
16	16	32	272	136,00
17	17	34	306	153,00
18	18	36	342	171,00
19	19	38	380	190,00
20	20	40	420	210,00
21	21	42	462	231,00
22	22	44	506	253,00
23	23	46	552	276,00
24	24	48	600	300,00
25	25	50	650	325,00
26	26	52	702	351,00
27	27	54	756	378,00
28	28	56	812	406,00
29	29	58	870	435,00
30	30	60	930	465,00
31	31	62	992	496,00
32	32	64	1056	528,00
33	33	66	1122	561,00
34	34	68	1190	595,00
35	35	70	1260	630,00
36	36	72	1332	666,00

37	37	74	1406	703,00
38	38	76	1482	741,00
39	39	78	1560	780,00
40	40	80	1640	820,00
41	41	82	1722	861,00
42	42	84	1806	903,00
43	43	86	1892	946,00
44	44	88	1980	990,00
45	45	90	2070	1035,00
46	46	92	2162	1081,00
47	47	94	2256	1128,00
48	48	96	2352	1176,00
49	49	98	2450	1225,00
50	50	100	2550	1275,00
51	51	102	2652	1326,00
52	52	104	2756	1378,00

Sem considerar a correção mensal (correção monetária e juros).

[88] MOMENTO CERTO DE DESFAZER-SE DE UM NEGÓCIO

Pelo menos quatro fatores têm que ser considerados para a tomada de decisão: [a] Faturamento da empresa – declinante – a despeito de esforços realizados; [b] Esforços no sentido de reduzir os custos da empresa – ao seu ponto mínimo possível; [c] Esforços infrutíferos para aumentar a clientela; [d] Analisando-se os investimentos feitos na empresa (principalmente, o que foi imobilizado – imóveis, veículos, equipamentos, mobiliário, etc.), com resultados obtidos inferiores ao que se obtém com aplicações financeiras tradicionais, denotando que se caminha na direção de perda do valor investido. Não esquecer que os bens de uma empresa – em especial, veículos, equipamentos e mobiliário – sofrem depreciação ao longo do tempo.

[89] MEDIÇÃO DE SUCESSO DE UMA EMPRESA

Há indicadores que apontam o sucesso de uma empresa. O indicador mais importante é o desempenho financeiro, que resulta da satisfação do cliente e da eficiência dos processos da empresa. A satisfação do cliente depende da qualidade dos produtos e serviços oferecidos que, por sua vez, dependem do desempenho do pessoal da empresa, da competência gerencial do empreendedor[39].

[90] ORGANIZAÇÃO DA EMPRESA

Independentemente do tamanho da empresa, ela precisa ser organizada. Organizar é definir as responsabilidades de cada pessoa ou grupo de pessoas que trabalha para a empresa, para evitar duplicidades de processos, omissões e confusões[39].

Um roteiro em quatro passos para a organização da empresa pode começar pelos objetivos ou missão da empresa[39]:
[1] Identifique as funções da empresa;
[2] Transforme as funções em departamentos;
[3] Defina as responsabilidades das pessoas;
[4] Desenhe a estrutura organizacional.

As funções da empresa buscam realizar os seus objetivos. As empresas têm funções semelhantes, independentemente da natureza do produto ou serviço que oferecem ao mercado em que atuam, quais sejam: marketing (divulgação do produto ou serviço, estabelecimento de preço, estratégias para conquista/fidelização de clientes), suprimentos e operações, vendas, logística (estratégia para obtenção de matéria-prima e para distribuição dos produtos), recursos humanos (recrutamento e contratação de pessoal, treinamento e capacitação, folha de pagamento), finanças (controle bancário, contas a pagar e a receber), contabilidade (registros contábeis), tributos (livros fiscais)[39].

Para a criação de departamentos e a definição de responsabilidades respectivas, deve-se fazer o seguinte: com os objetivos definidos e todas as funções identificadas, são definidos blocos ou unidades que se encarregarão de executá-los (objetivos e funções), de modo que a empresa se sustente e cresça. Em todas as empresas há divisão de trabalho, e as pessoas são alocadas nas várias unidades ou blocos (os departamentos), de acordo com a sua especialização[39].

[91] ESTRUTURA ORGANIZACIONAL

Mesmo com funções semelhantes, a forma de dividir o trabalho em uma empresa varia de uma para outra. Um departamento pode encarregar-se de uma dada função, ou de um dado grupo de tarefas, um dado tipo de cliente, um produto ou uma área geográfica. Esses critérios de departamentalização levam à constituição da estrutura organizacional da empresa, cujo esquema gráfico representativo chama-se organograma[39].

[91.1] ESTRUTURAS COMPLEXAS

As estruturas organizacionais que obedecem à departamentalização (por exemplo, estrutura funcional, estrutura por produtos) são chamadas de estruturas funcionais permanentes. Essas estruturas lidam com atividades contínuas, como produção e fornecimento de bens e serviços. Além dessas atividades, as empresas realizam atividades temporárias por encomenda, que exigem esforço coordenado, com envolvimento de diferentes departamentos permanentes. Para lidar com atividades temporárias – como o desenvolvimento de um software – as empresas podem usar a organização por projeto. Há variantes entre os dois extremos – estrutura funcional e estrutura por projeto – matriz fraca, matriz balanceada, matriz forte [39, 50].

[91.2] EMPRESAS COM ESTRUTURA FUNCIONAL

São aquelas com divisão clara com relação às unidades comerciais e sua responsabilidade associada. A empresa pode ter um departamento de contabilidade, de marketing, de vendas, etc. Cada departamento atua como uma unidade separada dentro da empresa; cada empregado está lotado em um dado departamento.

Por sua vez, o gerente de projetos em uma empresa funcional não tem autonomia; ele se reporta a um gerente funcional; ele pode ser designado como coordenador de projeto ou líder de equipe. O Quadro 2 apresenta vantagens e desvantagens da organização funcional.

Quadro 2. Organizações Funcionais.

Vantagens	Desvantagens
Estrutura organizacional duradoura	O gerente de projeto tem pouca ou nenhuma autoridade oficial
Carreira profissional transparente com separação de funções, permitindo destacar as habilidades específicas	Vários projetos disputam recursos limitados e prioridades
Os empregados têm um supervisor, dentro de uma clara cadeia de comando	Os integrantes da equipe do projeto são leais ao gerente funcional

Fonte: Heldman, 2006.

[91.3] EMPRESAS COM ESTRUTURA DE MATRIZ

São aquelas em que os membros da equipe do projeto pertençam a vários departamentos, atuando para conclusão de um dado projeto. Nesses casos, os membros da equipe do projeto têm mais de um chefe – os gerentes dos projetos de que ele participa e mais o seu gerente funcional.

[91.4] ESTRUTURA DE MATRIZ FRACA

É aquela mais próxima de uma estrutura funcional. A equipe do projeto pode ser oriunda de diferentes departamentos, mas o gerente de projetos se reporta a um gerente funcional específico. Portanto, a autoridade do gerente de projetos é limitada; ele pode dispor de pessoal administrativo de tempo parcial para ajudar a agilizar o projeto.

[91.5] ESTRUTURA DE MATRIZ BALANCEADA (MISTA)

É semelhante à estrutura de matriz fraca, mas o gerente de projetos dispõe de mais tempo e poder em relação ao projeto. O gerente de projetos desempenha sua função em tempo integral; os membros da equipe dispensam tempo parcial ao projeto.

[91.6] ESTRUTURA DE MATRIZ FORTE

É aquela em que o gerente de projetos é mais forte. A equipe do projeto dispõe de mais tempo no projeto, apesar de vir de departamentos diferentes da empresa. O poder do gerente do projeto é alto; o tempo de dedicação do pessoal é quase integral; o gerente dedica tempo integral ao projeto.

O Quadro 3 apresenta uma comparação entre as estruturas matriciais, extraída de Kim Heldman[51].

Quadro 3. Comparação das Estruturas Matriciais.

	Matricial Fraca	Matricial Mista	Matricial Forte
Cargo do Gerente de Projeto	Coordenador de projeto, líder de projeto ou executor de projeto	Gerente de projeto	Gerente de projeto
Enfoque do gerente de projeto	Divide o enfoque entre as responsabilidades do projeto e as funcionais	Projetos e sua execução	Projetos e sua execução
Poder do gerente de projeto	Autoridade e poder mínimos	Equilíbrio entre autoridade e poder	Autoridade e poder totais
Tempo do gerente do projeto	Parcial nos projetos	Integral nos projetos	Integral nos projetos
Estilo da organização	Muito semelhante à organização funcional	Combinação matricial fraca e forte	Muito semelhante à organização estruturada por projetos
O gerente de projetos se reporta a	Gerente funcional	Um gerente funcional, mas divide a autoridade e o poder	Gerente dos gerentes de projeto

Fonte: (Heldman, 2006, p. 21).

[91.7] ESTRUTURA POR PROJETO

É aquela em que o gerente de projetos dispõe de autonomia e, consequentemente, de maior responsabilidade em relação ao sucesso do projeto. Os membros da equipe são agrupados, no mesmo lugar ou não, em um projeto específico e dedicam-se a ele integralmente. Há pessoal administrativo em tempo integral para agilizar o projeto.

[92] ATIVIDADE-FIM E ATIVIDADE-MEIO

Independentemente da forma como a empresa é estruturada, há dois grupos de atividades que podem ser identificadas: as atividades-fim e as atividades-meio.

As atividades-fim são aquelas relacionadas ao que a empresa faz ou produz e comercializa.

As atividades-meio são aquelas que dão suporte às atividades-fim; servem para controlar, para direcionar a empresa com vista aos seus objetivos. Há sempre o risco de os responsáveis pelas atividades-meio estabelecerem regra de poder dentro da organização, fazendo com a estrutura seja quebrada em subestruturas que funcionam cada uma por si, em busca de aumentar seu poder. As atividades-meio não podem sobrepor-se às atividades-fim[52].

É curioso que os processos de informatização das empresas costumam priorizar as atividades-meio em detrimento das atividades-fim que, afinal, asseguram a sobrevivência da organização e que constituem seu diferencial competitivo.

A legislação que regulamenta os serviços terceirizados (lei nº 13.429, de março/2017) não faz mais distinção entre atividade-fim e atividade-meio. A terceirização pode ser feita para quaisquer atividades da empresa. Essa mesma lei ampliou o tempo de contratação de trabalhos temporários, passando de 90 para 180 dias.

Com os termos da nova legislação de terceirização, é possível que haja estímulo para a ampliação do número de microempresas.

[93] PONTOS DE LEGISLAÇÃO TRABALHISTA

Já há bastante tempo, o país se ressentia de atualização de sua legislação trabalhista, com vista a modernizar pontos que a realidade empresarial vinha exigindo, com maior flexibilidade dos contratos de temporários e diversos outros pontos.

E também como maneira de tentar diminuir a informalidade. Dados da Pesquisa Nacional por Amostra de Domicílios Contínua (PNADC), divulgada pelo IBGE, referente ao trimestre jul/ago/set-2017, indicava que dos 91,3 milhões de pessoas ocupadas nesse trimestre, 22,9 milhões trabalhavam por conta própria, e 10,9 milhões eram empregadas no setor privado sem carteira de trabalho. Portanto, a informalidade é de 37%[53].

[93.1] CUSTO DO TRABALHADOR BRASILEIRO

Com respeito ao custo do trabalhador brasileiro, com base no que estabelece a Constituição Federal e a CLT (Consolidação das Leis do Trabalho), para cada R$ 1 que o trabalhador recebe de remuneração, a empresa paga R$ 1,03 de encargos. A incidência sobre a folha de pagamento (em %) é da seguinte ordem:
- Obrigações sociais (Previdência e FGTS) – 36;
- Tempo não trabalhado (Férias e 13º salário) – 52;
- Incidência cumulativa – 15;
- Total – 103%.

[93.2] REFORMA TRABALHISTA DE 2017

Será dado destaque para os pontos mais relevantes nesta apresentação resumida.

O principal tópico é a prevalência do negociado sobre o legislado. Isso já estava disposto da Constituição de 1988 (a negociação coletiva), com o reconhecimento das convenções e acordos coletivos. O projeto aprovado só regulamentou a norma constitucional.

Segundo Sérgio Schwartsman[54] e Marta Cavallini[55], não houve retirada de direitos do trabalhador com a reforma trabalhista aprovada pelo Senado Federal em 11/3/2017, e que entrou em vigor em 11/11/2017.

Houve alteração em alguns pontos: férias, jornada de trabalho, remuneração e plano de carreira; foram implantadas e regulamentadas novas modalidades de trabalho – trabalho remoto (*home office*) e trabalho intermitente (por período trabalhado), a contribuição sindical deixou de ser obrigatória. Não se aplica a contratos que não sejam regidos pela CLT[55].

O tempo que o empregado leva de casa até o trabalho em transporte oferecido pela empresa não é mais computado na jornada.

O questionamento de direitos trabalhistas na Justiça fica bem mais rigoroso; se o trabalhador faltar à audiência ou se perder a ação, terá que pagar as custas processuais e os honorários da parte contrária. Se o juiz entender que o empregado agiu de má-fé, ele pode atribuir multa e pagamento de indenização pelo empregado. Nas ações por danos morais, a indenização por ofensa grave cometida pelo empregador está limitada a 50 vezes o último salário contratual do empregado. É obrigatório especificar na petição inicial os valores pedidos nas ações[55].

[93.3] TRABALHO INTERMITENTE

Nova modalidade de trabalho, paga por período trabalhado. O empregado tem direito a férias, FGTS, previdência e 13º salário proporcionais. O empregado recebe o salário-hora – esse valor não pode ser inferior ao valor correspondente do salário mínimo, nem ao valor pago aos empregados que exerçam a mesma função na empresa. A chamada do empregador deve informar a jornada a ser cumprida com pelo menos três dias corridos de antecedência; um dia é dado para o trabalhador dizer se aceita.

[93.4] FÉRIAS

As férias podem ser parcelas em até três períodos; um dos períodos deve ser maior que 14 dias; os outros dois períodos devem ter no mínimo 5 dias cada um. As férias não poderão começar nos dois dias que antecedem um feriado ou nos dias de descanso semanal (sábados e domingos).

[93.5] HOMOLOGAÇÃO DE RESCISÃO DE CONTRATO

Pode ser feita na empresa; não há mais obrigatoriedade de ocorrer nos sindicatos ou nas Superintendências Regionais do Trabalho.

[93.6] ACORDO COLETIVO

As convenções e os acordos coletivos prevalecem sobre a legislação nos seguintes pontos, jornada de trabalho, intervalo, banco de horas, plano de carreira, home office, trabalho intermitente, remuneração por produtividade.

[93.7] HOME OFFICE OU TELETRABALHO

Nesta modalidade, não há controle de jornada; a remuneração é por tarefa. O contrato de trabalho estabelece as atividades desempenhadas, as regras para equipamentos e as responsabilidades pelas despesas. O eventual comparecimento do empregado às dependências do empregador para realização de atividades específicas não descaracteriza o teletrabalho.

[93.8] TERCEIRIZAÇÃO

Haverá quarentena de 18 meses para que o empregado efetivo seja demitido e recontratado como terceirizado. O empregado terceirizado tem as mesmas condições de trabalho dos empregados da empresa-mãe: atendimento em ambulatório, alimentação em refeitório, segurança, transporte, capacitação e qualidade de equipamentos de trabalho.

[93.9] AUTÔNOMOS

A empresa pode contratar profissionais autônomos; ainda que haja relação de exclusividade e continuidade, isto não configura vínculo empregatício.

[93.10] BANCO DE HORAS

A compensação de horas extras em outro dia de trabalho ou por meio de folgas pode ser negociada entre empresa e empregado, desde que se dê no período máximo de seis meses. Se as folgas não forem dadas nesse período, o empregador pagará em horas extras com acréscimo de 50%.

[93.11] JORNADA PARCIAL

Os contratos de trabalho podem prever jornada de até 30 horas semanais, sem possibilidade de horas extras, ou até 26 horas, com até 6 horas extras, pagas com acréscimo de 50%.

[93.12] JORNADA 12 X 36

É permitida a jornada em um único dia de até 12 horas, seguida de descanso de 36 horas, para todas as categorias, desde que acordado entre empregador e empregado.

O próximo tópico apresenta a definição de termos que expressam o sucesso (ou não) de um negócio: lucro e rentabilidade.

[94] LUCRO E RENTABILIDADE DE UM NEGÓCIO

Este Capítulo tem como objetivo definir três termos úteis para avaliar os resultados da empresa: lucro, lucratividade e rentabilidade.

[94.1] LUCRO

O lucro é a diferença entre a receita total (receita bruta) de uma empresa e o total dos custos. É o retorno positivo de um investimento. A empresa existe basicamente para conseguir lucro. Se a receita total e o total de custos são referentes a um ano, então o lucro apurado é chamado de lucro líquido anual[17].

[94.2] LUCRATIVIDADE

A lucratividade da empresa é apurada ao dividir o lucro líquido pela receita bruta de dado período. É um valor percentual. É o percentual da receita bruta que sobra depois de pagas todas as despesas.

Vejamos um exemplo para ilustrar em números: uma loja teve uma receita bruta no último ano de R$ 200.000; o lucro líquido foi de R$ 40.000.

Lucratividade = (40000 / 200000) = 0,20. Portanto, a lucratividade foi de 20%. Isto significa que 20% da receita da loja é lucro.

[94.3] RENTABILIDADE

Para definir a rentabilidade de um negócio (é um percentual), enriqueçamos o exemplo com outros dados. Considere que para montar a loja o dono investiu R$ 100.000. Como capital de giro (dinheiro em caixa para manter o negócio funcionando no dia a dia) reservou R$ 40.000. O investimento para a loja funcionar, portanto, foi de R$ 140.000.

A rentabilidade da loja é dada pelo lucro líquido em um período, dividido pelo investimento total feito. Neste caso, teríamos:

Rentabilidade = (Lucro líquido no período / Investimento) x 100.
Rentabilidade = (40000 / 140000) x100 = 0,28 x 100 = 28%.

Esse resultado possibilita que o dono da loja avalie se seu negócio é sustentável. Se ele tivesse investido estes R$ 140.000 em renda fixa (ou outra aplicação qualquer), por exemplo, teria um determinado resultado como remuneração do seu investimento. Ele confronta esse resultado com a rentabilidade de sua loja para confirmar se vale a pena manter a loja ou não.

Seguindo para o fim, buscando alcançar o objetivo do livro – levantar os principais conceitos relacionados ao empreendedorismo –, o próximo tópico descreve a modalidade de empresa emergente chamada Startup, cujo objetivo é desenvolver um modelo de negócio escalável, com característica de grande incerteza, em torno de algo inovador, seja um produto, ou um serviço, ou um processo ou uma plataforma.

[95] STARTUP

Startup é uma pequena empresa, em fase de afirmação, com atuação na área de tecnologia, mas cujos produtos se encontram em fase de aperfeiçoamento e cujos clientes são identificados e contatados. O objetivo principal da *startup* é consolidar-se, seja pela conclusão do seu produto ou pela formalização do seu serviço e pela conquista de clientela que a viabilize.

O nome *startup* popularizou-se por ocasião da chamada bolha da internet, evento especulativo ocorrido no fim da década de 1990, com alta das ações das empresas "ponto com" – empresas de tecnologia baseadas na Internet.

[95.1] CARACTERÍSTICAS DAS STARTUPS

Além de ter base tecnológica, as *startups* têm como característica a proposta de um modelo de negócio inovador – escalável, de baixo custo, com base em ideia inovadora. Modelo escalável é aquele que se pode reproduzir repetidamente em grande quantidade, com ganho de produtividade, sem aumentar significativamente os custos de operação. Apesar de mais frequentes na Internet, as *startups* podem existir em qualquer área.

Uma dificuldade presente em qualquer negócio em fase inicial de consolidação é a questão dos investimentos para instalação. Não poderia ser diferente com as *startups*, em que a incerteza é grande. Afinal o modelo de negócio encontra-se em formalização. Nesse caso, o investimento é considerado de alto risco. Existem investidores que prospectam oportunidades para incentivar, analisando os modelos de negócio propostos pelos empreendedores. Entre os apoiadores das *startups*, estão também as incubadoras e as aceleradoras. As incubadoras oferecem suporte (de infraestrutura e gerencial) para o desenvolvimento de ideias das *startups*. As aceleradoras oferecem processo de inscrição para seleção dos projetos a serem apoiados, com direito a financiamento, em troca de participação em cotas ou acionária.

Paulo Weskley Ferreira[56], em seu trabalho de conclusão de curso de graduação em Ciência da Computação, intitulado "Meta-startup: uma Metodologia para o Desenvolvimento de Startups", implementou um aplicativo para suporte à gerência e ao desenvolvimento de ideias que possam tornar-se *startups*. Ferreira destaca a importância da existência de um ecossistema que estimule o desenvolvimento empresarial e promova a inovação como fundamento. Isto impulsiona o amadurecimento do empreendedor.

Ele cita como exemplos de ambientes com essa característica o Vale do Silício (Estado da Califórnia, Estados Unidos) e a cidade de Tel Aviv (Israel). Aliás, Israel é considerado o paraíso das *startups*; para ratificar essa posição, ocupa segundo lugar (atrás da China) entre os países com maior em número de empresas na Nasdaq (a bolsa americana para empresas de tecnologia).

No Brasil, o polo tecnológico de Campinas, o parque tecnológico Porto Digital (Recife), o San Pedro Valley em Belo Horizonte, o Sapiens Parque em Florianópolis, o parque tecnológico da UFPA em Belém, dentre outros.

[95.2] EXIGÊNCIAS DO MODELO STARTUP

Há necessidade de um paradigma gerencial para tratar das *startups*, e que leve em conta as particularidades da proposição de um produto inovador, ainda em consolidação, atrás até de identificar claramente quem são seus clientes.

Steve Blank e Bob Dorf (2014) *apud* Ferreira[56] apontam que as empresas lançavam seus produtos no mercado, durante o século XX, seguindo modelo padrão de gestão de produto, composto das seguintes fases: conceito, desenvolvimento do produto, teste alfa/beta, lançamento da primeira versão. Na fase de concepção, clientes potenciais do produto são consultados para obter-se o "conceito" do produto que os clientes desejam. Essa abordagem não é aplicável às *startups* pelo fato de os clientes inexistirem, como também não há marca lastreada no mercado por trás do produto para sustentá-lo.

Não é difícil presumir que a mortalidade de *startups* (assim como acontece com microempresas) seja grande e a maioria delas desaparece depois de pouco tempo, em vista de não conseguirem reunir a clientela que as tornem lucrativas. Eric Ries (2012) *apud* Ferreira[56] afirma que, para um caso de sucesso, há inúmeros registros de fracasso.

[95.3] DEFINIÇÃO DE STARTUP

Steve Blank e Bob Dorf (2014) *apud* Ferreira[56] afirmam que *startup* é uma empresa que ainda se encontra em busca de um modelo de negócio que seja viável, repetível e escalável. Eles acrescentam ainda como característica – ser inovadora; mas não só inovadora, que seja disruptiva, ou seja, que provoque ruptura de padrões, modelos ou tecnologias estabelecidas no mercado. As incertezas normalmente associadas às *startups* são: existem clientes para o produto em número que o torne lucrativo, o modelo em si é lucrativo, o modelo é repetível facilmente.

[95.4] STARTUPS E APLICATIVOS MÓVEIS

A expansão dos dispositivos móveis em decorrência da evolução tecnológica fez com que houvesse a consolidação das plataformas móveis.

Isso tem propiciado que as organizações busquem ferramentas de apoio estratégico a seus negócios por meio desta plataforma.

Dentre as diversas aplicações que alcançaram enorme sucesso nesta plataforma, citam-se as cinco seguintes: **[1]** Uber, **[2]** Waze, **[3]** Instagram, **[4]** WhatsApp, **[5]** NuBank[56].

[95.5] STARTUPS BRASILEIRAS DE SUCESSO

Easy Taxi, Skoob (rede social de leitores), Hotmart (plataforma de produtos digitais), Méliuz (clube de viagens), OrçaFascio (orçamentação de obras de construção), dentre muitas outras.

Informação adicionais a respeito da *startup* OrçaFascio, extraídas de entrevista que os idealizadores concederam ao site Projetodraft.com[57]: pude acompanhar desde o início há seis anos as várias etapas por que passou a empresa, administrada por Antonio Fascio e Fábio Santos; eu os conheci na Faculdade Atual, em Macapá/AP, e reconheci desde logo que chegariam longe com seus sonhos (e com a capacidade de realizá-los) e devido à excelência de seu produto.

Hoje, o OrçaFascio é o maior site de orçamentação de obras de construção civil do país, com 47 mil usuários cadastrados; a taxa de crescimento é de 135% ao ano. Dentre os clientes da OrçaFascio, incluem-se instituições de grande porte e reconhecidas nacionalmente, como Infraero, Embrapa, Sabesp, Exército Brasileiro. A startup já tem parceiros que comercializam sua tecnologia em Angola, Portugal e Estados Unidos. Há previsão de abrir escritório no Canadá em 2018.

O próximo tópico aborda a criação e o funcionamento de empresas juniores no âmbito de cursos superiores, como instrumentos de capacitação e de formação de empreendedores. Particularmente, isso se tornou atrativo no âmbito das instituições federais de ensino a partir da promulgação da lei nº 13.267, que regulamenta o funcionamento das empresas juniores nesse ambiente.

[96] EMPRESA JÚNIOR

Com base em documento da CONEJ (Comissão Nacional de Empresas Juniores), a Empresa Júnior é definida como uma associação civil, sem fins lucrativos, constituída exclusivamente por estudantes de graduação de instituições de ensino superior, que tem como objetivo desenvolver estudos para empresas privadas, organizações públicas e para a sociedade em geral, na sua área de atuação específica, sob a supervisão de professores orientadores designados pela coordenação dos cursos.

[96.1] MISSÃO DA EMPRESA JÚNIOR

A missão da Empresa Júnior é criar a cultura empreendedora no âmbito das instituições de ensino superior brasileiras, visando à formação de lideranças empresariais, que atuem com ética, espírito empreendedor, profissionalismo, inovação e responsabilidade social.

[96.2] OBJETIVOS DA EMPRESA JÚNIOR

Dentre os objetivos da Empresa Júnior, podem ser citados os quatro:

[1] Desenvolver o espírito empreendedor, crítico e analítico do aluno participante;

[2] Complementar a formação teórica e prática do aluno, além de possibilitar experiência com a gestão de empresas;

[3] Facilitar a inserção do profissional no mercado de trabalho;

[4] Formar lideranças empresariais.

A Empresa Júnior é vinculada a um curso superior; os grandes beneficiários da empresa são os estudantes pertencentes ao curso. Esse benefício advém da busca do aprimoramento pessoal, acadêmico e profissional, por meio dos estudos e dos trabalhos desenvolvidos pela empresa.

A complementação da formação acadêmica do estudante se dá de várias formas: aquisição de experiência em administração empresarial, exercitando as atividades típicas da função gerencial; organização do trabalho em equipe; prática de delegação de responsabilidades; negociação com clientes, patrocinadores, fornecedores, parceiros; treinamento em atividades práticas nas áreas financeiras e contábeis; participação em tomada de decisão acerca da política de imagem da empresa e da prospecção de negócios; contato direto com problemas e situações da realidade empresarial.

[96.3] LEI nº 13.267, DE 06/04/2016

Havia uma dificuldade que a iniciativa de criar Empresa Júnior no âmbito de instituições federais de ensino enfrentou: como fazer o controle interno do seu funcionamento, em especial no que tangia à arrecadação de recursos pelas atividades desenvolvidas, à forma como esses recursos seriam aplicados e a correspondente prestação de contas dos recursos.

Com a promulgação da lei nº 13.267, de 06/04/2016, essas questões ficaram resolvidas, pois a lei "disciplina a criação e a organização das associações denominadas empresas juniores, com funcionamento perante instituições de ensino superior".

Essa lei estabelece que a Empresa Júnior deve ser formada exclusivamente por universitários regularmente matriculados, sem vinculação partidária. O trabalho desenvolvido pelos membros participantes é voluntário, sem remuneração. Os projetos executados pela empresa devem contribuir para o desenvolvimento acadêmico e profissional dos membros.

Os recursos obtidos por meio dos serviços prestados pela Empresa Júnior devem ser aplicados na sua manutenção.

A despeito da existência da legislação que disciplina o funcionamento da empresa júnior, as coordenações de faculdades das instituições superiores precisam estar convencidas da importância da existência da empresa como instrumento complementar de formação acadêmica para o grupo de alunos que tenham disponibilidade de participação e interesse na atividade gerencial. É certo que os centros acadêmicos têm papel importante em conduzir os pleitos dos estudantes perante os colegiados das faculdades e dos institutos.

CONCLUSÃO

Como afirmado na Apresentação, o título deste livro contém uma pergunta implícita, bastando pôr um ponto de interrogação no fim: "Como Gerar Renda em Ambiente de Crise, de Restrições e de Competição?".

A resposta óbvia buscada ao longo do texto: selecionar as informações necessárias, apontar as orientações cabíveis, as habilidades e as competências que precisam ser desenvolvidas ou aprimoradas, ordená-las, e apresentá-las de forma resumida, clara, objetiva, precisa, coerente, didática.

Quem chegou neste ponto pode avaliar se o objetivo foi alcançado ou se houve aproximação aceitável em relação a ele.

Espero que a resposta do leitor não seja diferente das duas citadas. Esforcei-me para que a resposta não seja outra.

Foram descritos noventa e seis tópicos, distribuídos em cinco partes: *Capítulo 0* – Caminhos para Geração de Renda (6 tópicos); *Parte I* – Base Comum (60 tópicos); *Parte II* – Emprego Público (3 tópicos); *Parte III* – Emprego em Empresa Privada (2 tópicos); *Parte IV* – Autônomo (Empreendedor) [25 tópicos].

Como palavra final, apresento agradecimentos aos que chegaram até aqui, e informo que são bem-vindas (e já agradeço) as críticas, os comentários, as sugestões que possam aprimorar a obra. Enviar para abf@ufpa.br ou abfurtado@yahoo.com.br.

Grande abraço!

Alfredo Braga Furtado.

REFERÊNCIAS

[1] MINARELLI, José A. *Trabalhar por Conta Própria: uma Opção que Pode Dar Certo*. São Paulo: Gente, 2001, p. 14.

[2] CANZIAN, Fernando. *Brasil Precisa de Mais Abertura e Capitalismo, Não de Menos*. 12/7/2018. Disponível em: www.folha.uol.com.br. Acesso em 12/7/2018.

[3] FUKUYAMA, Francis. *O Fim da História e o Último Homem*. Rio de Janeiro: Rocco, 1992.

[4] DORNELAS, José Carlos Assis. *Empreendedorismo Corporativo: Como Ser Empreendedor, Inovar e se Diferenciar em Organizações Estabelecidas*. Rio de Janeiro: Elsevier, 2003.

[5] FURTADO, Alfredo Braga. *O Que o Jovem Precisa Aprender o Mais Cedo Possível? (Sabedoria para a Vida)*. Belém: abfurtado.com.br, 2021.

[6] BARKER, Joel Arthur. Vídeo *"A Visão do Futuro"*. São Paulo: Siamar, 2002.

[7] DE MASI, Domenico. *Criatividade e Grupos Criativos*. Rio de Janeiro: Sextante, 2003.

[8] HOUAISS, Antônio; VILLAR, Mauro de Sales. *Dicionário Houaiss da Língua Portuguesa*. Rio de Janeiro: Objetiva, 2009.

[9] DE MASI, Domenico. *Criatividade e Grupos Criativos*. Rio de Janeiro: Sextante, 2003. (p. 677).

[10] DE MASI, Domenico. *Criatividade e Grupos Criativos*. Rio de Janeiro: Sextante, 2003. (p. 705).

[11] SEMLER, Ricardo. *Você Está Louco! Uma Vida Administrada de Outra Forma*. Rio de Janeiro: Rocco, 2006. (Administração & Negócios).

[12] RECUERO, R. *Redes Sociais na Internet*. Porto Alegre: Sulina, 2009 (Coleção Cibercultura).

[13] FURTADO, A. B. *Avaliação do Uso de Tecnologias Digitais no Apoio ao Processo de Modelagem Matemática*. 2014. 186f. Tese (Doutorado em Educação Matemática) – Instituto de Educação Matemática e Científica – Universidade Federal do Pará, Belém.

[14] KUHN, Thomas S. *A Estrutura das Revoluções Científicas*. 9ª ed. São Paulo: Perspectiva, 2009. (Coleção Debates)

[15] D'AMORE, Bruno. *Elementos de Didática da Matemática*. São Paulo: Livraria da Física, 2007.

[16] BARKER, Joel Arthur. Vídeo *"A Questão dos Paradigmas"*. São Paulo: Siamar, 2002.

[17] FERRARI, R. *Empreendedorismo para Computação: Criando Negócios de Tecnologia*. Rio de Janeiro: Elsevier, 2010.

[18] DOLABELA, Fernando. *Oficina do Empreendedor*. Rio de Janeiro: Sextante, 2008.

[19] DEMO, P. *Desafios Modernos da Educação*. 15ª ed. Petrópolis: Vozes, 2009. (p. 85).

[20] GÓMEZ, A. P. *Entrevista a Amanda Polato*. Rio de Janeiro: Revista Época, ed. 21/5/2013.

[21] DUARTE, N. *Vygotsky e o "Aprender a Aprender": Crítica às Apropriações Neoliberais e Pós-modernas da Teoria Vigotskiana*. Campinas: Autores Associados, 2000.

[22] DUARTE, N. *Sociedade do Conhecimento ou Sociedade das Ilusões?* Campinas: Autores Associados, 2003.

[23] TURBAN, Efraim; RAINER JR, R. Kelly; POTTER, Richard E. *Administração de Tecnologia da Informação: Teoria e Prática*. Rio de Janeiro: Elsevier, 2005.

[24] MASIERO, Paulo C. *Ética em Computação*. São Paulo: Edusp, 2000.

[25] HOUAISS, Antônio; VILLAR, Mauro de Sales. *Dicionário Houaiss da Língua Portuguesa*. Rio de Janeiro: Objetiva, 2009. (p. 743).

[26] KIYOSAKI, Robert T.; LECHTER, Sharon L. *Pai Rico, Pai Pobre: o Que os Ricos Ensinam a Seus Filhos sobre Dinheiro*. 40ª ed. Rio de Janeiro: Campus, 2000.

[27] MARTINS, José Pio. *Educação Financeira ao Alcance de Todos: Adquirindo Conhecimentos Financeiros em Linguagem Simples*. São Paulo: Fundamento Educacional, 2004.

[28] PEREIRA, G. M. G. *As Personalidades do Dinheiro: Como Lidar com Dinheiro de Acordo com o seu Estilo Pessoal*. Rio de Janeiro: Elsevier, 2005.

[29] PEREIRA, G. M. G. *A Energia do Dinheiro: como fazer Dinheiro e desfrutar dele*. 3ª ed. Rio de Janeiro: Elsevier, 2003.

[30] PEREIRA, G. M. G. *As Personalidades do Dinheiro: Como Lidar com Dinheiro de Acordo com o seu Estilo Pessoal.* Rio de Janeiro: Elsevier, 2005. (p. 106).

[31] GIANNETTI, Eduardo. Vídeo "*O Valor do Amanhã*". Disponível em: https://www.youtube.com/watch?v=4vYB0rgnzoU. Postado em 07/6/2015. Acesso em 11/07/2018.

[32] CHIAVENATO, I. *Administração nos Novos Tempos.* 2ª ed. Rio de Janeiro: Campus, 1999.

[33] TARDIF, M. *Saberes Docentes e Formação Profissional.* 17ª ed. Petrópolis: Vozes, 2014.

[34] PILETTI, C. *Didática Geral.* São Paulo: Ática, 2000 (Série Educação).

[35] RANGEL, M. *Métodos de Ensino para a Aprendizagem e a Dinamização das Aulas.* 4ª ed. Campinas (SP): Papirus, 2008 (Magistério: Formação e Trabalho Pedagógico).

[36] KHAN, Salman. *Um Mundo, Uma Escola.* Rio de Janeiro: Intrínseca, 2013.

[37] HELDMAN, Kim. *Gerência de Projetos: Guia para o Exame Oficial do PMI.* Rio de Janeiro: Elsevier, 2006.

[38] PRESSMAN, R. S. *Engenharia de Software.* 5ª ed. Rio de Janeiro Paulo: McGraw-Hill, 2002. (p. 266).

[39] MAXIMIANO, Antonio Cesar Amaru. *Administração para Empreendedores: Fundamentos da Criação e da Gestão de Novos Negócios.* São Paulo: Pearson Prentice Hall, 2006. (p. 7).

[40] FERRARI, R. *Empreendedorismo para Computação: Criando Negócios de Tecnologia.* Rio de Janeiro: Elsevier, 2010. (p. 2).

[41] HOUAISS, Antônio; VILLAR, Mauro de Sales. *Dicionário Houaiss da Língua Portuguesa.* Rio de Janeiro: Objetiva, 2009. (p. 741).

[42] FERRARI, R. *Empreendedorismo para Computação: Criando Negócios de Tecnologia.* Rio de Janeiro: Elsevier, 2010. (p. 4).

[43] DOLABELA, Fernando. *O segredo de Luísa.* São Paulo: Cultura Editores Associados, 1999.

[44] BOLSON, Eder Luiz. *Quarenta Causas de Fracasso nos Negócios.* Disponível em:

http://www.administradores.com.br/artigos/carreira/quarenta-causas-de-fracasso-nos-negocios/908/. Acesso em 25/9/2016.

[45] DE MASI, Domenico. *O Ócio Criativo*. Rio de Janeiro: Sextante, 2000a.

[46] DE MASI, Domenico. *O Futuro do Trabalho: Fadiga e Ócio na Sociedade Pós-industrial*. Rio de Janeiro: José Olympio, 2000b.

[47] PASQUINI, Nilton Cesar. *Implantação do 10S Como Ferramenta de Gestão de Qualidade em Hospital*. 2015. In: Revista Qualidade Emergente, v. 6, n. 1, p. 13-26.

[48] UNIVERSITEC. *Como incubar*. Disponível em:
http://universitec.ufpa.br/incubadora-piebt/como-incubar/.
Acesso em 1º/10/2017.

[49] HALFELD, Mauro. *Investimentos: Como Administrar Melhor seu Dinheiro*. São Paulo: Ed. Fundamento Educacional, 2001.

[50] PHILLIPS, Joseph. *PMP Project Management Professional: Guia de Estudo*. Rio de Janeiro: Elsevier, 2004.

[51] HELDMAN, Kim. *Gerência de Projetos: Guia para o Exame Oficial do PMI*. Rio de Janeiro: Elsevier, 2006. (p. 21).

[52] MAÑAS, Antonio Vico. *Administração da Informática*. São Paulo: Érica, 1994.

[53] IBGE. *Informalidade Aumenta e Continua a Reduzir o Desemprego*. 31/10/2017. Disponível em: agenciadenoticias.ibge.gov.br. Acesso em 02/03/2018.

[54] SCHWARTSMAN, Sérgio. *As Principais Mudanças Trazidas pela Reforma Trabalhista*. 04/08/2017. Disponível em:
http://www.chumbogordo.com.br. Acesso em 13/07/2018.

[55] CAVALLINI, Marta. *Nova lei trabalhista entra em vigor no sábado; veja as principais mudanças*. 10/11/2017. Disponível em: g1.globo.com. Acesso em 02/07/2018.

[56] FERREIRA, Paulo Weskley de Almeida. *Meta-startup: uma Metodologia para o Desenvolvimento de Startups*. 2017. 127f. Monografia. Orientador: Alfredo Braga Furtado. (Curso de Bacharelado em Sistemas de Informação) – Instituto de Ciências Exatas e Naturais, Universidade Federal do Pará, Belém.

[57] DALMOLIN, Luana. *Como os Amapaenses da OrçaFascio criaram a maior Plataforma de Orçamento de Obras do País*. 26/12/2017. Disponível em: projetodraft.com. Acesso em 05/07/2018.

[58] ZÓBOLI, G. B. *Práticas de Ensino: Subsídios para a Atividade Docente*. 11ª ed. São Paulo: Ática, 2000.

[59] FURTADO, A. B. *Aprendizagem e Revisão de Aprendizagem (para provas, exames e concursos)*. 2022. Disponível em: www.stude.ai/blog Acesso em 28/5/2022.

[60] PIAZZI, P. *Como Aumentar a Inteligência – Dicas Para Estudar Com Eficiência*. 2013. Vídeo disponível em: https://www.youtube.com/watch?v=q-1pfviGMRQ. Acesso em 15/02/2018.

[61] PIAZZI, P. *Estimulando Inteligência*. 2ª ed. São Paulo: Aleph, 2014 (Coleção Neuroaprendizagem; v. 2).

www.ingramcontent.com/pod-product-compliance
Lightning Source LLC
Chambersburg PA
CBHW071503220526
45472CB00003B/899